思想觀念的帶動者

文化現象的觀察者

本土經驗的整理者

生命故事的關懷者

Love
Parenting

♥

凝望生命乍現的喜悅 ・ 傾聽靈魂單純的心跳
溫柔擁抱成長的綻放 ・ 用愛牽引最初的奔跑

心靈工坊
[PsyGarden]

# 愛兒學書系選書理念

愛兒學社會企業成立於二〇一九年，致力於推廣育兒、親子教養與嬰幼兒心理健康。二〇二〇年，愛兒學與心靈工坊合作，成立「LoveParenting．愛兒學書系」，著重於引介嬰幼兒心智健康的相關書籍。

成為爸媽，迎接一個孩子到我們的生活，是許多人生命中最重要的一件事。不只是因為身分轉變後，我們的生活重心將重新調整，以培養這段永久的關係，更因為身為父母，我們的言行舉止會影響孩子的三觀與自我定位。因此，愛兒學相信，如果在孩子嬰幼兒期，爸媽就能跟小孩建立正向健康的「心理連結」，這份緊密的情感依附，會成為孩子日後安全感與幸福感的基礎。

建立心理連結是很美好但也很困難的事。在這個過程中身為父母的我們，必須先檢視自己的內心，坦然面對自己的情緒，才能接受最真實的自我。這麼做有時候會迫使我們回顧自己的成長經驗，與過去的自己和解，或放下心中的結。這很不容易，但卻是為人父母進而豐富人生的契機。

本於這個理念，在選書上，我們將著力於兩大方向，一是貼近大眾的親子教養類書籍，強調親子教養觀念的扎根與普及化；另一，則是探討嬰幼兒心理健康的專業理論書籍，期能藉引介國外最新的心智發展理論，培育出在地的嬰幼兒心理諮商專業人才。

愛兒學期待，藉由我們精選的育兒書籍，能陪伴你在這段旅程中，將衝突轉化為互相理解的學習機會；讓日常相處變成茁壯孩子內心的養份、和將來我們珍藏的回憶。

當孩子出現

# LORSQUE L'ENFANT PARAÎT

*Tome 1*

# 孩子說「不」，才會去做

法國父母最信任的

育兒專家協助你聽懂孩子的語言

**Françoise Dolto**

馮絲瓦茲．多爾多——著

單俐君——譯

愛·兒·學 合作出版

# 目次

推薦序一：跨越時空與文化的交流　Catherine Dolto　8
推薦序二：所有的育兒問題都不會只有一個答案　諶淑婷　17
譯序：一位實踐者的真誠與人性關懷　單俐君　21
前言　29

第1部　焦慮與攻擊

1　總是有原因的──當孩子出現　44
2　喊叫是為了引人注意　51
3　離異與焦慮　58
4　是寶寶造就了媽媽──關於餵食　63
5　沒有「應該要會說話」這回事──說話與親吻　67
6　做了就做了──關於焦慮　73

7 了解新語言，接納新父母 78
8 觸碰到孩子身體時——接受手術 85
9 「我們就當她死了吧」——談攻擊性 90

第2部 那些說不出口的……

1 間接的問題——父職、出生與性 98
2 有疲累的母親嗎？ 110
3 說不出口的問題——再談性教育 116
4 在誰面前裸體？ 122
5 伊底帕斯情結 130

第3部 嫉妒VS競爭

1 人類從很小開始，就什麼都知道——當弟弟妹妹出現 140
2 怎樣才是公平？——煩躁與任性 146
3 哥哥用腦，弟弟用腳——兄弟之間的相處 157

4 黏TT的小寶寶，嫉妒的雙胞胎 165


## 第4部 分離、陪伴，以及如何安撫

1 我們早就在等你了——孩子終於出生 172
2 父親出遠門時 183
3 誰拋棄誰？ 187
4 每個孩子有不同的睡眠習慣 197
5 喜歡或愛欲——夜醒問題 205
6 嬰兒應該被抱著的——談安撫 212
7 「有人」是誰？——爸爸和媽媽 219
8 心理臍帶的割捨及雙胞胎的養育——不斷重複出現的問題 227


## 第5部 爸媽怎麼教

1 關於孩子的大小便習慣 236
2 孩子說「不」，才「會」去做——談順從 240

3 是真是假——真有聖誕老人嗎？ 251
4 我們會死，因為我們活著 255
5 待在家裡——家庭幼兒班與出外拍廣告 262
6 他會是藝術家 267
7 孩子需要生命力——休閒活動 274
8 欺負別人或是受人欺負？——放學以後 282

推薦序一

# 跨越時空與文化的交流

我的母親馮絲瓦茲．多爾多（Françoise Dolto）曾說，同意製作「當孩子出現」（Losque l'enfant paraît）這個廣播節目，是她一生中最難下的抉擇之一。她撰寫過複雜的理論著作，但是另一方面，她始終希望透過簡單的方式以及易於理解的詞彙，讓每個人都能進入她精神分析師的知識和經驗領域裡。她曾在雜誌上寫過許多所謂「普及化」的文章，也參加過一些廣播節目。然而，以講述個案情況向聽眾充分深入回答問題的方式，卻是一項完全創新的做法，因此是有風險的。必須既不能變成無視專業上需嚴守祕密的公開諮詢，也不能是帶著教條口吻的理論課程。首先她要求只接受書面信件，因為這樣，對方就不得不思考自己的困境，進而保持一點距離。接著她要求由我來整理信件。然後我們遇到了一位出色的電台主持人傑克．琶戴勒（Jacques Pradel），他的聲音非常溫和，而且對製作這個主題很有興趣。節目開播時，他還是一位三歲女孩的父親，妻子正懷著雙胞胎，也是一位充滿熱情又有智慧的對談者，我們之間立刻萌生了默契。馮絲瓦茲．多爾多有一個非常令人愉快的特點就是：她愉悅輕鬆，又有幽默感。她甚至說自己的意見純屬個人看法，認為別人不同意她的觀點，其實是非常好的。她說話的方式非常生動傳神；當她找不到適當的詞彙時，常常習慣發明新詞，這是她一直讓編輯很傷腦筋的地方。不過她對聽眾的智慧以及父母親們的能力充滿信心，而且尊重他們，也不好為人師。偶爾有些批評的信件，她都能夠以極其寬容的態度接納。從所有這些元素裡誕生了一種獨特的化學效應，聽眾們立即報以熱烈的共鳴，「當孩子出現」廣播節目一舉成功，真是成了社會奇觀。在路上人們會停下車子收聽節目；在工作場所，員工會圍聚在收音機旁，生怕錯過任何談論的內容。

馮絲瓦茲．多爾多當時已經六十八歲了，從原來忙碌又有卓越聲譽的臨床醫師，突然成為備受追捧的公眾人物、明星，常在街上被認出來，電視和報紙也爭相邀約。她從未想過自己的生活會有如此突如其來的改變，這讓她難以接受，並且很快就明白到，名氣完全改變了她與病患之間的治療關係，有人因為慕名或好奇攜子前來求醫。她立刻決定停止在自己的診所看病，但仍然繼續接受其他專業精神分析師前來向她請益諮詢，並且繼續為收養機構裡的孩子做心理諮商，因為她認為，在那裡不會有名氣之擾。另外，她在醫院裡發明了一種特殊的教學方式：就是在一群大約二十名訓練期的精神分析師以及執業精神分析師面前進行諮商，讓學員們實地觀察她如何與嬰兒以及幼兒工作。這在當時仍屬少見，多爾多算是先驅！這種諮詢的方式令她全心投入，持續到生命終點，也就是直到她去世的前兩個月。當時她罹患肺纖維化，日夜需要供給氧氣。看病時，她隨身必備一個攜帶式氧氣筒，回到家時，總是筋疲力竭，卻十分歡喜。突來的盛名之累，迫使她必須重新規劃自己的臨床醫師生涯。為了堅持自己的道德理念，也為了將一生的經驗傳遞給那些對精神分析一無所知的人，她付出了痛苦的代價。然而她的堅持是對的，因為她深信聽眾們的智慧，終於使她贏得了這場賭注。

## 成功的代價

成功永遠都是必須付出代價的，尤其是如此重要的成功，更會引起嫉妒與爭議。然而也是因為這個廣播節目，讓她找到了自己一直在尋找的元素，而成就了日後「綠房子」（Maison Verte）[1]的計畫。

她在八歲時誓願要成為「教育醫師」，讓父母非常震驚，並且向她解釋這個職業不存在，她隨即回答說：「這樣的話，就來發明好啦。」而她，也確實做到了。

她關心的是如何盡可能將自己一生的專業經驗傳達給父母、醫生、教育工作者以及所有與兒童接觸的人，無論他們的職業與職位。有兩個使命驅使著她：一是她非常看重知識的分享，她認為一己的知識和努力可以讓所有的人受益。另一個是，所有重要的治療師都關注的防微杜漸，不希望見到由於無知而重複教養上的錯誤，導致神經質的痛苦、家庭緊張、學業受挫等等，讓原先有能力有智力的孩子無法在世界上獲得發揮的空間。她經常告訴我，所有這些工作最重要在於傳遞經驗，也就是透過治療孩子苦痛所得到的各種寶貴經驗，讓其他的孩子能夠受到更妥善的照顧。

這個節目為當時樹立下了里程碑，即使在三十多年後的今天，人們依舊熱烈又感動地談論著這個節目。我們經常在電影或電視中會聽到關於多爾多的習慣用語：她已經進入了公共領域。節目一開播，聽衆們立即深受吸引，卻也引起各方針鋒相對激烈辯論是否有權利繼續播放像這樣製作型態以及談話方式都如此不尋常的節目。另外許多精神分析學家也為之震驚，認為精神分析因此被誤導，甚至褻瀆了它原有至高無上的神聖。毫無疑問地，在精神分析專業領域中，她為盛名之累付出了代價。今日，當我們看到電視或廣播節目中肆無忌憚大談隱私，再穿插上一段膚淺的心理評論，大家卻毫不在乎的時候，再回頭看看當年這個滿懷謙虛又謹慎的廣播節目所引發的媒體風暴，真是讓人驚愕。她甚至被戲稱為「精神分析界的祖母」，大家以她的盛名為藉口，詆毀貶抑這位傑出的臨床醫師，否決她從一九八四年著作《身體的潛意識意象》（*L'image inconsciente du corps*）一書開始一生致力關於身體的潛意識意象表達非常重要的理論貢獻。她曾與拉岡（Jacques Lacan）同為佛洛伊德學派的創始人之一，在最後一次分裂中，有人擔心她會憑藉聲名大噪而覬覦權力，這對她來說真是相當殘酷：她對權力毫無興趣，為人非常謙遜。或許是，她已經完成了自己要做的事情的這個意念，支持著她以哲學智慧的胸襟超然地走過了這場風暴。

她去世於一九八八年，舉國同悲，葬禮由一位天主教神父、一位基督教牧師隨同一位伊斯蘭教伊瑪目以及一位猶太教拉比舉行，萬千民眾前來致意。她非常有名，但是在身為臨床醫師、理論家以及訓練師這一方面，卻又不為人深知。一部分是因為她從來不想創立學派，即使她培育了許多精神分析師，卻將這些年輕人視為同輩。她喜歡說：「我沒有學生」，也喜歡說：「千萬別做馮絲瓦茲．多爾多，要做你自己」，還會閃爍著慧黠的眼神說：「我很願意給你一些建議，只要你保證不照著做。」

## 幕後故事

一九七六年十月至七八年十月兩年間，我們完全生活在「當孩子出現」廣播節目的步調中。我們會利用一個下午的時間，來到她的診所錄製一整週的節目。每個星期我們都會收到一百封左右的信件，我會帶著五個文件夾，分裝著每一天的節目主題。由我來做前置工作：也就是選擇討論的主題以及信件，然後摘要來信綜整討論主題。我會畫出重要的段落，還會建議傑克·琶戴勒要做的提問。事實上，這些信件都太長了，根本無法全部唸出來。為了讓大家能夠思考症狀的多面意義，並且在案例之間相對比較，通常我會選出幾個相同的症狀，但背後的問題卻完全不同。即使健康的孩子有時也是會出現症狀的。接著我們會以信函通知那些預計在節目中回覆其來信的聽眾，還有那些對同一主題提出問題的聽眾，知會他們空中答問的日期。其他來信的聽眾幾乎也都會收到書面答覆。所以每次節目都是一場龐大的工程，我想大家都夠感受到我們全心投入的誠意。這實在是令人興奮、感動又筋疲力竭的兩年。每次去母親家時，我總是隨身扛著一個裝滿信件的大書包，週末常是在口述聽寫答案中度過。與聽眾之間的對話過程真是既充實又飽滿。精彩的是聽眾來信的演進：起初我們收到的來信很簡短，解釋的也不很清楚；到了後來，信件內容又長又詳盡，細膩又聰慧，甚至十分睿智。有些信甚至長達四十幾頁，而我們需要做的，就是回答這些完全了解孩子痛苦的父母。他們已經花了很大的功夫思考過問題，只等著馮絲瓦茲·多爾多確認他們是走在正確的路上。這是一項艱鉅的任務，但讓我們感到十分振奮的是，來信展現了大家了解了面對孩子時應當抱持的態度，這實在遠遠超過了我們原先的預期。

## 詭祕停播

「當孩子出現」這個節目持續播出一年半的時間，給那個時代留下了永恆的印記，本身就是一件令人印象深刻的事情。節目驟然停播跟之前的廣受歡迎一樣令人驚愕，原因至今成謎。國家廣播電台更換台長，新任台長賈克琳·波堤野（Jacqueline Baudrier, 1922-2009）有一天把我們叫到她的辦公室，告訴我們她決定停播這個節目。她沒有給我們任何解釋，而是要馮絲瓦茲·多爾多像記者一樣主持另一個有關心理方面的節目，我母親當然拒絕了。她甚至提議要我母親跟兒子，當時非常受歡迎的歌手卡洛斯[2]一起演出，一起唱歌！

節目停播的消息沒有對外宣布，九月新學年開始時，聽眾們徒勞等待著他們最喜愛的節目。他們非常震驚節目竟然就這樣無聲無息地消失了，好像馮絲瓦茲·多爾多和聽眾之間的交流必須在沉默與禁言裡落幕。信件持續湧進了幾個月，我們要求電台聘雇一名祕書來回答聽眾們的信件，卻被告知：「你們不要回信就沒事了。」我們據理力爭：「身為臨床工作者，我們不能讓這些焦慮的人陷入困境中。」這整段冒險過程都精彩生動地記錄在戴樂古

（Delcourt）出版社發行的漫畫書《多爾多風波》（*L'onde Dolto*）中。

我相信，在文化差異的背後，隱藏著普世人類的靈魂及其磨難。我希望台灣的讀者們能夠享受自己遇上馮絲瓦茲·多爾多出其不意的回答時的樂趣，也希望你們會喜歡她細膩、溫暖、仁慈又風趣的智慧。我真是喜歡曾經發生在法國二十世紀的交流，能夠跨越時空與非常不同的讀者們相見，我要衷心感謝譯者單俐君女士，以及心靈工坊出版社提供優質中文版版本的機會。

卡特琳·多爾多醫師（Dr. Catherine Dolto）[3]

二〇二一年五月四日於巴黎

1 作者註：「綠房子」（Maison Verte）是一個歡迎父母和〇歲到四歲孩子的機構。一個初期社會化的場所，是父母孩子與接待人員之間交流的地方。原則上，有三名接待人員，包括一名男性以及至少一名精神分析師。在這裡，精神分析師不是來提供諮商而是來陪同玩耍以及彼此溝通的。孩子們必須尊重相當具體的生活規則，違規行為可以被接受也會得到詮釋，但不會受到懲罰。親子們想來就可以來，是免費的，每次只需要報上孩子的名字。接待團隊每天都會變換，讓父母和孩子可以選擇跟自己最談得來的接待團隊工作那天來到機構，讓自己有真正賓至如歸的感覺。這個概念已經獲得極大的回響，現在全世界都有「綠房子」組織。

2 譯註：Carlos，原名Jean-Chrysostome Dolto（1943~2008），多爾多的長子，法國著名的藝人、歌手、演員。

3 譯註：Catherine Dolto，多爾多的女兒，醫生、觸覺治療師、作家，著有多本關於兒童健康的書籍。

推薦序二

# 所有的育兒問題都不會只有一個答案

當我知道心靈工坊要出版馮絲瓦茲．多爾多的《孩子說「不」，才會去做》時，我有些擔心，雖然作者是法國家喻戶曉的「教養專家」，教養理念影響了一整個世代的法國父母，但畢竟是「一整個世代」前，教養觀念雖不至於日新月異，可是隨著兒童權在近代越受重視與討論，父母教養觀念也有了明顯改變。

幸好，多爾多在前言即表明，「兒童是社會的未來，可是社會卻從未聽到兒童的心聲」，強調了兒童是重要且獨立的個體，同時提醒，自己雖是兒科醫師與精神分析師背景，但製作此節目不是為了提供諮商，更不是提供一個現成的解方；而是希望為那些身處困境的父母，換個角度思考，挖掘出孩子行為問題背後的意義，讓他們更理解、幫助孩子，即便是沒有育兒需求的讀者，也能從本書學習到更友善對待兒童的方式。

本書提出了許多重要且有用的提醒，例如成人認為兒童「任性」擾亂秩序，是因為沒有好好了解發生什麼事，例如孩子已經走得很累了，但大人評估他的年紀已經不需要推車，就覺得孩子「明明可以走卻假裝走不動」。兒童的牢騷、大吼大叫、哭鬧，其實都是做了也可能被忽視的無效反抗。

還有，不要逼不餓的孩子吃飯，孩子吃進肚子的只有焦慮；情緒敏感的孩子需要的不是小心翼翼對待，而是不被評斷好壞地完全接納；看似對處罰「毫不在乎」的孩子，其實是因為神經緊繃，且自尊心強；大人無論如何都不能羞辱孩子，打罵孩子只是父母自我控制不足的表現，不要隨便幫自己找合理藉口。本書還有一般教養書少見的內容，例如如何處理收養孩子的心理狀態、協助孩子轉換國家（語言）和居住環境，孩子重病或進行手術治療時，如何安撫孩子。

多爾多對兒童十分寬容與友善，孩子發脾氣時不用責備，可以說「我以前就跟你一樣」，來幫孩子緩頰，也提醒他學習情緒控制的表達。孩子說髒話，父母可以討論分享自己也會的髒話，但讓孩子知道什麼場合該使用什麼語言。

最讓人驚嘆的，是多爾多早就提出「每個孩子都不一樣，每個人從出生開始就各不相同」的觀點，父母應該把每個孩子當作獨生子女看待，而非相互比較。**當孩子進入說「不」的階段，固然讓父母不耐與憤怒，但別忘了，孩子正要長出自我，他們的「不」並非為了事事反駁，而是正在學習以自己的方式去做事，發展出屬於自己的生活模式。**

要注意的是，多爾多身處年代與我們不同，所以性別分工觀念相對保守，例如關於性的問題，他認為男孩問題應由父親（成年男性）回答；讓家中年長的孩子陪伴母親生產，可能有負面影響；孩子看到大人的身體，會覺得自己不如大人；或者是「孩子選擇了他們的父母」，所以即使因為育兒環境不佳、過勞等社會因素，影響父母無法有更寬厚包容的教養態度，甚至影響愛孩子的方式，孩子都能明白……等，這些觀念，在今時今日都已可被反駁、必須有所調整。

但多爾多的育兒觀充滿彈性與包容是無庸置疑的，所有的育兒問題都不會只有一個答案，每對父母和孩子相處的模式都不同，所以不要隨意地用自己的經驗去評斷他人。雖然為人父母的過程，我們可能複製父母的教養方式，也可能刻意選擇完全不同的做法，但孩子的各種問題，都是在提醒我們沒有「標準兒童」，只有細心觀察、認真學習，接受混亂與彈性就是生活日常，才能找到最適當的育兒方式，不只是為了陪伴孩子成長，也是讓我們面對藏在內心深處，渴望被好好對待與陪伴的內在小孩。

諶淑婷
文字工作者

譯序

# 一位實踐者的真誠與人性關懷

馮絲瓦茲．多爾多（Françoise Dolto, 1908-1988）這位法國家喻戶曉的小兒科醫師以及精神分析師，終於要與台灣讀者們見面了。

第一次聽到多爾多的名字已經是二十多年前，當時我在巴黎大學教育學院求學，一個風和日麗的初秋，巴西同學克莉絲汀娜（Christina）說起馮絲瓦茲．多爾多，看我一臉茫然反倒讓她驚訝：「妳在台灣沒聽說過這位法國的精神分析師嗎?!……她在我們巴西心理學界、教育界可是影響深遠呢！」於是我跑到圖書館裡查閱相關書籍，馬上就對這位心理醫師大為折服，深深感動不已。心裡響起的第一句話，就是：「真希望有一天台灣能夠有多爾多著作的中文譯本！」而婚後第一年聖誕節，丈夫知道我很欣賞多爾多，就選了「當孩子出現」系列（Lorsque l'enfant paraît）精裝合輯送我當禮物。

到底這位作者有什麼特點立即深深地吸引了我呢？我想是感覺到一位實踐者的真誠與人性關懷穿透文字傳遞出來，簡單直接精確又深厚，同時驚訝地發現呼應了我從自己母親那裡承繼的教育基礎。不曾想過會在另一個國度由另一種文字寫出自己母親的教養態度，讀著多爾多的書，既被啓發又是如此熟悉，像是在法國遇到了另一位母親似地，既興奮又感動。兩位母親堅定開朗的特質，平易、睿智、充滿慈愛讓我如沐春風。

## 馮絲瓦茲．多爾多是誰？

馮絲瓦茲．多爾多出生於一九〇八年巴黎第十六區，一個有七個孩子的傳統天主教富裕家庭，她排行第四。在她還不滿十二歲時，十八歲的姊姊賈克琳死於癌症。悲痛欲絕的母親責備她沒有虔誠祈禱，要對姊姊的死亡負責。多爾多就在這樣的陰影裡充滿罪惡感地長大，她了解痛苦的感受，對那些自己無能為力而受苦的人充滿同情。母親不希望她成為一名醫生，認為那是一個不適合女性從事的職業，她勇敢堅持獲得了學士學位並繼續修習護理學，然後研習醫學。一九三九年，以「精神分析與兒童醫學」為題通過論文答辯後，多爾多開設了自己的診所並在醫院工作，同時與拉岡從事精神分析，還參與創建了巴黎佛洛伊德學派。拉岡與多爾多在工作上是完美搭檔，一個擁有概念能力，另一個富於臨床經驗，彼此信任欣賞。多爾多曾經直接地對拉岡表示：「你的演講，我聽不懂！不過偶爾當我聽懂的時候，覺得真是精采！」拉岡則回答她：「沒什麼好聽懂的，因為我的理論妳都實踐出來了。」拉岡會把最棘手的病患交給多爾多做臨床治療；他賦予多爾多法國兒童精神分析學創始者的地位，並且肯定她的語言溝通奇蹟。多爾多認為從孩子出生的那一刻起，就可以開始跟孩子說話。

一九七六年至一九七八年間，多爾多在法國公共綜合電台製作了「當孩子出現」廣播節目，為父母們的育兒問題解惑，中肯又專業地傳達一些教養的基本觀念、態度與建議。這個節目馬上大獲好評，大家爭相收聽。她讓精神分析走入家庭，傳遞聆聽溝通、通情達理與愛的藝術。聽孩子表達，跟孩子說話，改變了成年人看待孩童的視角。她認為教養的意義就在於協助孩子成長，培養孩子獨立自主的能力。在她的一生中，寫作和談論的主題都是朝著關於嬰兒和孩童的方向發展，與父母一起協助孩子成長，將孩子視作一個「完整的人」，具備表達能力，教育孩子有責任感，知曉權利與義務；提醒大人尊重孩子，不要強加給孩子罪惡感。曾經有觀眾問她，身為親子專家在與自己的孩子相處時，一定有別於一般父母相當得心應手吧。她的回答是，儘管自己的專業，在面對自己的孩子時，她就是一個普通的母親，與所有的爸媽一樣，也會有不知所措的時候。她不以專家或全知者自居，讓自己永遠是個學習者，偶爾也會很幽默地說：「如果大家都同意我的觀點，就表示我說的話不有趣。」她一再強調自己是從孩子們身上學到豐富的專業知識，孩子才是她的老師，教她聆聽、教她如何去了解。而大人不僅僅要和孩子說話，最重要的是，對孩子「說真話」。

由於廣播的大獲好評，多爾多後來根據這些對話紀錄，出版了三本與廣播節目「當孩子出現」同名的系列書籍。她一直試圖希望以「通情達理的態度，來協助遭遇到困難的父母，將一些常識帶入親子關係裡」。可惜這個節目因為電台政策改變，驟然而止。在停播事件之後，一九七九年起，多爾多創立了「綠房子」，這是一個接待父母及幼兒的機構，目的是讓孩子有一個學習社會化的地方。多爾多越來越知名，也越來越受歡迎。她讓大家知道了自己在精神分析方面的工作，尤其是在與幼兒的關係上，帶來了超前時代的創新。

馮絲瓦茲·多爾多從小接受的是嚴格的傳統教育，在已故姊姊的沉重陰影下長大。她努力從這些價值觀中解放出來，希望給孩子一個自己不曾有過的自由。她有三個孩子，大兒子卡洛斯（Carlos）是綜藝歌手演員，二兒子凱栝赫（Grégoire）是造船工程師，最小的女兒卡特琳（Catherine）也是醫師。他們對母親印象最深刻的是她快樂的個性，以及與她一起談話和遊戲的時光，她會回答孩子們提出的所有問題，即使是最大膽的問題。他們也很感謝母親從未嘗試對他們進行精神分析——感謝她一直知道如何陪伴在他們身邊簡單地做個母親，並且提到母親無論在公眾面前或者在家裡，都是表裡如一的人。曾經有記者專訪卡特琳，問她：會不會厭煩一直活在自己母親的陰影裡。卡特琳微笑地回答：「我自己倒覺得一直活在母親的光輝中。」

即使身受肺纖維化之苦，馮絲瓦茲．多爾多還是一直工作到去世前的兩個月。一九八八年八月二十五日臨終時，她說：「我已經付出一切了。現在讓我一個人靜靜地離去吧。讓我第二次誕生吧。」她要求在自己的墓碑上刻著教宗若望．保祿二世的召喚，「不要害怕」。今日法國各地約有兩百所左右的學校以馮絲瓦茲．多爾多命名，紀念她畢生的貢獻。

## 媽媽，多爾多，孩子與我

我的母親來自中國北方詩書世家，戰亂流離到了台灣，擔任小學基礎教育。她對孩子一直有最大的尊重，有敏感的心和強烈的意願去理解孩子；她堅持教育是良心事業，要有傳教士的熱誠，認為家長們把珍貴的孩子交到自己手中，她很了解自己的專業使命。熱愛教育工作的母親不只教學扎實活潑因材施教，並且鼓勵學生們適情適性地發展自我，與孩子們相處得非常融洽，大家都能感受到她的誠意與溫暖。而她也一直不忘感謝豐富了自己生命的學生們。母親常會跟我生動敘述著學校以及學生的事情，或者跟我討論自己的想法與做法。每當她遇到困惑不解的時候，就會說：「總是有原因的，我來想想怎麼解決問題。」多爾多也是鍥而不舍總是希望找出原因進而解決孩子與父母親的困難。這兩位女性都能在遇到問題時，冷靜實際地分析，不為問題表徵所誤導，以她們的專業與通達來安撫、建議、鼓勵當事人找到解決之道，也會傳授一些很實用的方法。在日常生活中，她們一直都是滿懷著敏銳的好奇心，善良靈動又喜歡與人談笑交流。

養育就是一代接著一代，等到我們自己生兒育女，孩子讓我們連結到自己的生長經驗，也開啓我們學習為人父母的旅程。育兒之初，我曾讀到「成為母親就是把一個女性推到瘋狂的邊緣」這句話，讓我了解為人父母是項「不可能」的任務，不過也正因為如此，我們可以試著尋找出一些「可能」的做法跟孩子一起過日子。陪伴孩子慢慢成長的過程中，我常常把自己當作牧羊人，學習尊重平等，陪伴照看傾聽了解，傳達自己所知所感，也接納他們的想法看法。珍惜與孩子相處的日常生活，點點滴滴日積月累的親子經驗，過程中遭遇過很多困惑，更共享了無比的喜悅。我在母親的養育中以及閱讀思考多爾多的著作裡得到啓發應證，充實了自己為人父母的信心。時時鼓勵我面對自己孩子的出現、陪同他們成長，也像與每個階段的自己一次又一次地對話，與孩子關係親密又要有分界，盡量尊重彼此的獨立自主。

二十多年過去了，當初閱讀時的悸動多已平靜下來。再次詳細閱讀這本書，才發覺很多理念已經潛移默化地融入到自己的生命經驗中，如同親身實證一樣。翻譯這本書不僅實現了自己多年的心願，也像在回顧自己的某一段生命歷程。每次翻譯都是不同的經驗，本書是教養問答的紀錄，雖然口語化，但用詞精確。我上網找了多爾多的訪談影片，在空閒或做飯的時候反覆聆聽，希望能夠掌握作者說話的方式、語氣，精準到位地傳達出多爾多的本意、理念與態度。本系列第一集以《孩子說「不」，才會去做：法國父母最信任的育兒專家協助你聽懂孩子的語言》為書名，呈現給大家。由書中實際接觸孩童得到的寶貴經驗，多爾多建議：「每個人都要為自己的問題尋找答案」、「教育孩子並不是完全投注在孩子身上而忽略自我，更不是忽略自己的伴侶、忽略其他的孩子以及社交生活」、「父母與孩子之間的矛盾，都是因為孩子在面對別人要他們做事情的時候，沒有說『不』的自由」……現在請讀者們參考作者的專業常識，伸展自己的經驗觸角來開啓與孩子的互動，繼續豐富時時在演進的親子之旅。

感謝心靈工坊編輯團隊，總編輯徐嘉俊先生的專業選書，編輯裘佳慧小姐的悉心執行。特別要感謝當年協助多爾多廣播節目製作的女兒卡特琳・多爾多醫師書信往來裡清晰的指正說明、應邀書寫中文版推薦序並且提供照片。感謝 Bruno Mortgat 先生以及好友 Sonia 在翻譯上的大力協助，討論交流的過程中，總是讓我學習許多。也要感謝親友們的關心鼓勵。

最後　感謝

先母孫萍女士

父親單汶先生

為子女以及台灣基礎教育的耕耘

單俐君

二〇二二年五月十八日於法國

# 前言

一九七六年八月，正在度假的我接到了一通電話，是法國公共綜合電台（France Inter）台長皮埃賀．維嚴（Pierre Wiehn）打來邀請我——當時我還不認識他——開學後參加綜合電台的一個廣播節目，解答一些父母親在面對孩子時會遭遇到的問題。當時正在假期中，卻要我考慮開學後的工作！我拒絕了。我之所以斷然拒絕，也是因為我覺得透過這樣一個節目，很難探究清楚家庭教育問題背後許多沒有被意識到的因素。幾天後，副台長炯恩．修蓋（Jean Chouquet）來電，極力說服我。他說，聽眾對這個節目非常期待，自從電台廣播成為每個家庭的空中良伴之後，許多父母會向電台尋求心理問題的解答。因此，他們希望製播一檔節目，是針對兒童教育上遭遇到的問題。不過，為什麼找我呢？我的精神分析工作已經讓我忙不過來了；這應該是專業教育工作者、心理學家以及年輕父母的任務啊！已經有很多人在處理這些問題了，至於我，就算了吧……之後，我就沒有再想這件事情了。

然而開學後，台長皮埃賀．維嚴又打電話給我了。他說，您就過來，讓我們跟您談談吧：

我們在研究這個問題，您就來和我們一起討論一下吧！我們非常看重這檔節目，很想跟您討論一下我們的想法。那時候我剛剛度假回來，休息得很充分，也還沒有繁忙的工作牽絆，於是，我便答應了。

那是一個九月初的下午，我去了法國公共綜合電台公司大樓，見到了這幾位先生們，與他們一起思考討論。漸漸地，我被他們說服了。

是啊，兒童的確值得我們為他們做一些事情，況且還有許多來自聽衆的需求。然而，應該採取什麼樣的方式，才能夠有效地解答這些問題，又不帶傷害或教訓的口吻呢？同時，如何才能利用廣播這個管道來為孩子做些事情呢？兒童是社會的未來，可是社會卻從未聽到兒童的心聲。誠然，所有的心理醫生都指出，在給那些有適應障礙的孩子進行心理治療時，其心理問題的原因常常要追溯到他們的嬰幼兒階段。當然也有一些近期的反應性心理障礙，是由於學校或家庭的一些特定因素所引起的。不過，的確有一些嬰幼兒階段的心理問題，會導致精神官能症或者某些精神疾病。這些心理問題其實是可以被治癒的——假如父母與孩子能夠得到心理協助，讓彼此之間可以不帶焦慮、也不自責地相互了解。否則，這些未解決的心理問題已經衍生出的慢性病，會讓孩子同時產生依賴性、抗拒心以及成長的不協調。

幼兒最先表現出來的精神痛苦會是藉由消化系統失調、食欲不振、睡眠不足、焦躁不安或無精打采，甚至對一切事物無感，包括對玩耍、發出聲響等活動失去興趣。還有些問題會出現得晚一些，例如，語言能力發展遲緩、肢體功能障礙或人格障礙等等，這些都是由於孩子與周遭失去了語言溝通所出現的症狀。這些現象在孩子幼年時期尤為常見，但是卻被大部分的父母完全忽略了。於是在入學年齡之前，父母親就只管懲罰這些「有問題」的孩子，或者給他們服用鎮靜劑。一旦有醫生給孩子開了藥，父母便天天給孩子服用。我們也可以說，孩子在學齡前出現的人際關係障礙，都不曾被大人意識到。然而，這些人際關係障礙會在孩子將來社會適應上，埋下心理障礙的隱憂。這並非是因為父母不愛自己的孩子；而是，父母在面對自己生活困境的同時，他們不理解、不知道或者不願意再去思考兒子或女兒出生後最初幾年的心理問題。但是，孩子從出生後的幾個小時開始，就已經是一個渴望交流並且充滿欲求的生命了，是一個需要安全、愛、快樂和語言交流的個體。這些需求甚至超越了對物質照料、食物衛生或是生理健康的需求。

此外，醫學與外科手術的長足進步，讓過去可能因為得了傳染病，或者功能障礙、生理失常而夭折的孩子，現在都已經可以被救活。另外一些孩子，則是在歷經了艱難的胎兒期、早產以及長時間待在嬰兒保溫箱之後，才得以生存下來。然而，事實證明，這些受到良好醫療照顧而恢復身體健康的孩子，在家庭、社會環境以及與同齡孩子相處時，常常會表現出一些退化的症狀、廣義的語言發展障礙以及社交心理障礙。

如果孩子在三歲到五歲以前，也就是成長過程初期，遭受過心理方面的干擾，日後入學與同齡孩子互動時，將會表現得完全無法感覺到安全和快樂。這時候才發現孩子有問題，已經有些太晚了。再晚一段時間，他們身上就會出現人格障礙、重複性的身心代償失衡以及各種焦慮的症狀，還會被同齡人或周遭成年人排擠。這時候，才被帶去做專業心理治療的孩子，還算是幸運的；相較之下有些孩子會被隔離出來，或者與父母分離而被送進精神治療院所或特殊教育機構；導致最後，他們幾乎都會成為社會的邊緣人。

母親在養育孩子的過程中，只要發現孩子有人際關係方面的問題，就應該盡早尋求解決的辦法，才能夠避免後果造成為時已晚。然而，應該怎麼做呢？

也有許多明辨事理的父母親，很想了解自己在努力養育孩子上，是怎麼一敗塗地的。不過，這關係到的是廣義的教育問題。正如這些父母所說的，他們嘗試了「所有的」辦法，卻無法成功地教育孩子，這讓父母十分焦慮。在此同時，孩子也會因為無法讓父母聽到自己的心聲，而失去了生命的喜樂。事實上，孩子成長中出現的障礙，都是向父母發出的求救訊號。身為孩子，會全心全意地期待自己的父母。然而，孩子讓父母焦慮的同時，自己會變得更加焦慮。

有沒有辦法幫助這些身處困境的父母，挖掘出自己孩子問題的意義並且加以思考，讓他們理解並且幫助孩子，而非抑制或忽略孩子內心痛苦的表徵？有沒有辦法提供訊息給父母，如何給予孩子安全感，讓孩子在經歷考驗、失敗、重病、病後遺下殘疾或者在身體、精神、感情上遭遇到實際缺陷後，能夠自我成長，找回自信？對於父母而言，沒有什麼考驗比面對自己孩子身體或精神痛苦時卻無能為力，來得更大的了；對於孩子而言，也沒有什麼比失去生命的安全感以及從成人身上獲得的自信，更痛苦的了。我們應當提供父母親資訊，回應他們的求助，緩解他們的困境，減輕父母與孩子的罪惡感，以喚醒思考的力量。也應該支持父母親在孩子成長過程困頓時，換一個角度去思考，以扮演好輔助的角色。有時候，還應該幫助父母藉由自己眼中迷失的孩子所表現出來的問題，去了解自己。父母親會以為，問題的原因出在孩子身上；然而問題的原因，常常是與父母的不知所措有關。父母親會不自知：孩子給父母造成的困難，往往是在反映父母的笨拙。例如，父母會依據孩子的年齡與性情，給予孩子過多或者過少的自由，這種做法會阻礙孩子自主能力的養成。然而，區區一個廣播節目有可能完成這些任務嗎？值得一試嗎？

這類節目的危險，難道不就是在於讓人相信有現成的解決辦法？或者讓人相信有高效率的教育訣竅嗎？然而成年人內心的情緒糾結，常常錯綜複雜又源遠流長。有時候，成人會仿效自己的父母而成為父母；或者相反地，他們是意外成為父母的。例如，某些成年人會遺憾自己成為父母，因為他們太年輕就為人父母，無法負起家庭責任又難以承擔家計，同時還繼續過著自己的青少年生活。當然，對於這種類型的廣播節目，不能抱著太高的期望；但是，要因為這樣的理由就不做節目嗎？可想而知，無論我們在節目中說什麼，都可能引來許多爭議，但是就因為這個理由而不嘗試嗎？沒有錯，許多家庭的情況太棘手了，有太多意識不到的心理過程導致家庭成員之間失去彼此的溝通，使得父母無法找回平靜，無法反思問題。更何況那些處在困境中的父母，期待著孩子的成功來慰藉自己的不幸。那些在童年時受過創傷的父母，那些對自己夫妻以及與親近的人之間感情生活失望的父母，那些在職場上受挫的父母，會把自己全部的希望都放在孩子身上。只要孩子有一點點挫敗，就會讓父母絕望；父母用責任的重擔癱瘓了年輕的一輩，而不是幫助孩子在安全放鬆的氛圍裡，保有對自我的信心與希望……

那應該如何著手進行這樣的廣播節目呢?首先，我們不在直播現場回答任何問題，哪怕是匿名提問。我們應該鼓勵大家寫下詳盡細節的書信，並且向來信聽眾保證，我們會認真閱讀所有的信件。由於節目時間非常有限，我們只能回覆少部分的來信。不過，對於聽眾來說，用寫信的方式明確表達出自己的難題，已經是一種尋求自我幫助的方式了。這是我的第一個想法。

讀完信件之後，必須在來信中選出可以讓眾多父母產生回響的某些個人案例問題;儘管在每個孩子身上會有不同的情形。其中家庭的生活方式，孩子的數目、年齡與性別，以及孩子在兄弟姊妹間的排行順序，都是必須知道的重要因素。孩子在情感上的反應，往往取決於這些因素;孩子在每一天成長中所形成的世界觀，也仰賴於這些因素。因為，孩子是藉由過程中不斷的激勵、競爭與身分認同，來尋求建構自我人格的肯定。必須告訴那些收聽我們節目的父母親:所有的孩子在成長發育過程中，都會以不同的方式經歷一段又一段特殊又敏感的階段，而在這些過程中會出現許多問題。如果父母不理解孩子的困境，並且不知道如何處理的話，那麼這段時期給孩子帶來的傷害會比其他時期來得深;父母這樣的態度，也會造成自己與孩子之間的誤解、無法得知孩子的問題以及彼此間互相干擾。類似的情形，都是孩子成長路上的絆腳石。因此，在這個節目裡，我們會藉由一些個案去跟聽眾講述與分析最普遍的問題，以便能夠真正地幫助父母親去理解孩子。事實上，許多成年人完全不了解童年時期面對的特殊考驗；因此，他們也完全不知道，如何根據每個孩子的性格，以適當的方法來解決難題。

父母、成人所不知道的是：從出生開始，孩子就是一個擁有語言的生命體；日後成長過程中遇到的許多難題，只要跟孩子解釋，是可以找到最佳解決之道的。不管孩子多小，只要母親或父親跟孩子述說他們對孩子痛苦的原因所作的解釋（無論是父母知道或者是父母臆測下所作的解釋）；在這種情況下，孩子就能夠對自己與父母保有信心並且通過成長的考驗。然而，孩子所理解的究竟是語詞本身的意義，還是話語背後的善意呢？我個人敢打賭，孩子很早就已經具備感知母親語言的能力了；同時，也能夠感受到以同理心傳達的真實話語裡人性的涵意。孩子在這樣通情達理的說話方式裡，能夠感受到安全與平和；相反地，藉由吼叫、責罵或毆打讓孩子閉嘴（有時候確實會奏效），是無法讓孩子保有平和及安全的感受的。這樣的打罵方式會給孩子一種「家畜」的身分，屈從並且懼怕自己的「主人」。然而，孩子應該有的是一種「人」的身分，並且相信在處於生命困境時，會有愛他的人來做自己堅強的後盾。孩子在沒有受到解釋性語言所給予安撫的情況下，唯一能夠表現的方式，就是哭叫與不安。在我看來，這種充滿人性、通情達理的溝通交流方式，正是今日當我們面對孩子時最常忘記的。事實上，孩子時時刻刻都是父母夫妻生活中的見證；但是，父母卻經常不以語言表達來面對孩子本身——尤其是在今日的都市生活裡，這種情況會發生在孩子與母親一起時、在保姆家中，或者在托兒所裡。然而，昔日家族式的家庭環境裡，當父母親不在的時候，總會有一位輔助型的成年人知道如何用說話、唱歌或搖哄孩子的方法，包容孩子表現出來的痛苦與不安。另外，在孩子的教育過程中，父母應該要真誠地回答孩子提出的所有問題，激發孩子用智慧去發展自我的觀察能力、推理論證能力以及反思批評的能力。因此我認為，就是這樣的語言溝通方式，很有必要讓父母去發現，或者重新去發現。許多父母已經忘記了這些道理，所以非常有必要再次提醒他們。

這類的工作可以說是社會服務的工作；難道，這是精神分析師的責任嗎？精神分析師受過的訓練，就是安靜地傾聽來訪者，讓對方經由述說的方式，找回自己被以往的考驗所擾亂的內心秩序；通常他們都會反覆不斷地被禁錮著、阻礙本身人性的成長，必須透過重新喚起以往的苦難來解讀被干擾的原因。到底該不該由我這樣的精神分析師，透過空中廣播去回答關於教育的問題呢？我自問過這個問題，一直到今天我還在問自己這個問題。當然，我是個具備精神分析學背景的人，我可以以分析師的方式來說話；然而同時，在工作中（與年輕人或年紀較長者的專業諮詢中）[4]我也遇過許多還沒有辦法解決自身在教育過程中遭遇到困難的人。只是，儘管每個人的成長都會經歷同樣的過程，但每個人在經歷困難考驗時的感受會有所不同。即使父母通常是充滿善意的，然而，孩子面臨的考驗總是與父母的困境有關。透過這些既特殊又個人的案列，以及這些對於人類共同痛苦的理解，是否可以貢獻出來幫助他人呢？我不得而知。經驗將會給我們答案。

可不可能讓父母與孩子在共同生活的過程中，避免掉某些傷痛呢？父母與孩子就像所有的人一樣，都會被一些無意識且矛盾的欲望所禁錮，在父母與孩子的關係之間留下深深的烙印。其中主要有亂倫欲望，被視為禁忌；難題在於，家庭成員之間如何建立起一個健全的關係。我是精神分析師，我也是女人、妻子、母親，我知道，這些不同的角色面臨著不同的問題；我也知道出於好意的行為，同樣有著潛在的危險。儘管我是精神分析師，在這裡我也是以一位祖母級的女人身分來說話的；我所提供的答案都有待商榷，我得出答案的思考也值得再討論，因為，在這個不停變化的文明世界裡，今日的孩子將成為明日的青少年與成年人。我僅僅試著闡明提問者的問題而已。來信給我的朋友、收聽節目的聽眾，還有即將在這本書裡讀到我的答覆的讀者們，不要以為我掌握了所有的真知，而不對我的回覆加以思索。這僅僅是我個人在面對今日與兒童有關的現實問題時所展開的一場研究，許多方面都受制於目前的經驗、轉型中的社會心理氛圍，以及所有人都必須面對的日新月異的情況。在我所做的回答裡，我的目的是鼓勵身陷困境的父母們，換一個角度來看問題，同時，也激發其他的聽衆對周遭兒童生活境況的反思。我們成年人與孩子相處，要善意寬待孩子，並且支持孩子的成長；這些都是為了能夠讓孩子安全長大成人，將來成為有責任感的人。

今日的孩子是否複製著往日的我們呢？我們是否應該重複上一代成功養育兒女的行為模式呢？當然不是。現實狀況已經改變，而且每天都在變，所以，今天的孩子也要努力地在這樣的環境下成長。然而不變的是，孩子想要與成年人交流的強烈渴望。這份渴望一直存在，從過去就一直存在著。因為人類的本性就是，表達自我以及克服年齡、語言的限制去尋求與他人的交流；同時，人類也會因為不能表達與交流而感到痛苦，還會因為缺乏恰當的溝通工具而感到難受。

所有即將閱讀這本書的讀者們，你們即將讀到我給父母親來信的回答，也有少數是給年輕人的回答，我希望可以讓大家一起來思考這些問題所帶來的的意義，並且提出不同的答案。同時也想一想廣播技術，藉由這個了不起的通訊管道給大家帶來互相幫助的機會：那些曾經只能鎖在各自家庭中的祕密，如今卻可以讓互不相識的人有了交流的機會。

讀者也許會在本書中，找回他們曾經接受過的教育記憶，找回他們兒時或是父母在養育他們的過程中有過的困惑，正如同他們在自己孩子那裡遇到的難題一樣，不需要外在的幫助就可以解決了。我希望大家能夠走進這些與自己情況不同的家庭，用另一種眼光去看待這些面對困難時手足無措的大人與小孩，同時希望大家能夠用全新的視角去看待那些在公園裡玩耍的孩子、那些學習不好的孩子，還有那些打擾自己清靜的孩子——去觀察這些孩子的反應，這樣或許可以幫助大家，學習用一種更適當的口吻或態度跟孩子說話，讓大人不要太快對孩子下斷語，要經過思考之後再來回應孩子的日常問題。讀者們會在本書中讀到許多這樣的例子。或許你們會比我更清楚如何用適當的言語，來幫助周遭面臨困境的父母以及孩子。

本書收錄的是，法國公共綜合電台節目「當孩子出現」，製播最初幾個月的節目內容。

我要感謝節目全體工作人員：感謝一直緊盯著計時器的節目製作人貝爾納．格朗（Bemard Grand）先生，感謝在節目中與我對話的傑克．琶戴勒（Jacques Pradel）先生。感謝卡特琳．多爾多（Catherine Dolto）女士，綜整摘要所有被我選中的來信，讓我們可以決定當天節目討論的主題。還要感謝巴黎十六區甘迺迪總統大街一一六號5348號錄音室的技術人員以及祕書們的熱心協助。

4 譯註：多爾多是精神分析師，也是小兒科醫師，曾經任職醫院以及醫學心理教學中心，諮詢病患的年齡層廣泛。

Photo by Roger Picard / Source: Radio France

「當孩子出現」節目小組成員。左起傑克 · 琶戴勒、卡特琳 · 多爾多以及馮絲瓦茲 · 多爾多，於 1977 年錄製節目時合影。

# 第 1 部

# 焦慮與攻擊

# 1 總是有原因的——當孩子出現

**馮絲瓦茲．多爾多，您是精神分析師。可是，在這檔廣播節目裡，您是完全不想提供個人諮商的，這是您的想法嗎？**

確實如此。就像您所說的，儘管我是專業精神分析師，不過我也希望自己能夠以通情達理的態度，來協助遭遇到困難的父母。希望在孩子的問題還沒變成嚴重的反常現象之前，及時幫助父母發現並解決問題，避免日後必須尋求就醫或諮詢心理醫師。有很多類似這樣的情況，一開始父母不當一回事，醫生也忽略了。父母只知道自己很困擾，因為孩子變了；他們想知道怎麼處理。通常如果父母可以多思考一下的話，往往都能夠找到解決的辦法。我想做的就是，協助父母親來思考怎樣找到解決的辦法。

**也就是說，預防勝於治療。更何況，孩子的降臨不光只會帶來憂心，也是歡樂和幸福的泉源。但前提是，必須要去了解孩子！然而父母未必能夠眞的做到。**

通常父母都是懷著喜悅的心情，迎接孩子到來的。就像這樣，首先是等待寶寶的出生，然後看看是男孩還是女孩。有些父母可能原本比較想要女孩，結果生的是男孩；或是有些父母原本比較想要男孩，結果生的是女孩……而且，一個家庭裡除了父母親之外，還有祖父母，尤其是還有年長的孩子們。新生命到來的這件事情，對許多家庭裡年長的孩子來說，確實是個小悲劇。我甚至還要說，新生兒的到來，對一個介於八個月到四歲大的兄姊來說，如果沒有表現出嫉妒的話，反而是糟糕的現象。家裡先出生的孩子是**應該**表現出嫉妒心態的；因為對他來說，新生命的到來給他帶來了麻煩——這是第一次，他看到所有的人都去讚嘆一個比自己年紀小的人。他想：「難道要裝成小寶寶，才能討人喜歡嗎？」而他一直都以為只有讓自己成為大人，成為大男孩或大女孩，別人才會重視自己。

我想從孩子出生的那一刻起，就應該開始幫助父母；因為接下來的幾個月，一切都會變得越來越複雜。

**您剛才提到「通情達理」。確實，有時候通情達理一些，可以讓人在一個原先看似極度困惑、惡劣的情況裡找出解決的辦法。或許，我們可以用一個具體的例子來說明一下這樣的情形。**

要知道，孩子如果有什麼異常的反應，一定是有原因的。讓我們來說一說孩子「任性」這件事吧：「任性」之所以成立，是因為我們把這種情形稱作是「任性」。事實上，當一個孩子突然表現出古怪的行為而擾亂到其他人的時候；我們該做的是：去**了解**到底發生了什麼事情。例如，在街上，孩子突然不想往前走了，也許是因為他不想再穿著腳上的鞋子了；也許是因為他不想往這邊走；也許是因為我們走得太快了；也許是他還需要坐推車，而父母以為他已經大了，可以不用再坐推車了，因為「放假的時候，他玩得好開心，已經可以站得很穩了……」然而，問題完全不在這裡，原因是：假期過後，回到原來的環境裡，孩子希望像以前一樣，讓父母用推車推著他。不過，這種情況是不會持續太久的。

在我看來，任性的表現，來自於孩子不理解為什麼大人不再了解他了，所以他也不了解自己了。這就是我所謂的通情達理。我已經見過很多像這樣任性的孩子。對於所有活潑又聰明的孩子來說，當他們想要表達自己的感受或需求、卻又不知道該如何表達的時候，就會有任性的表現：像是，發牢騷，反抗或者大吼大叫……結果，父母也跟著大吼大叫起來。不應該這樣做的，而是應該試著去了解孩子，並且對自己說：「孩子會這麼做，應該是有原因的。我還不明瞭為什麼會這樣，讓我想想看可以怎麼辦。」特別是，父母不要因為孩子任性，就立刻覺得事態嚴重。

**另外一件大事，關係到所有有學齡孩童的家庭，那就是開學。通常，對一個孩子來說，離開家人到另外一個陌生的地方，認識一些新面孔，這可是一件大事。**

您指的是第一次入學的孩子；還是放假過後，重新上課的孩子？

**兩者都包括在內。我們先從第一次入學的孩子說起吧。**

去年夏天，我正安安穩穩地在花園裡工作，聽到一個小女孩鼓掌歡迎自己的教父來家裡，高興得像過節一樣。這位先生下了車，一見到小女孩就說：「哇！妳長得真快啊！快要上學了吧！」於是小女孩興奮又驕傲地回答：「是啊，是啊，新學期開始，我就要上學了。」也就是兩個月之後。接下來，這位先生發出：「啊！妳等著看吧，妳等著看吧，上學還真不好玩呢：要安安靜靜地，不能亂跑亂跳。妳看，現在妳可以把指頭伸進鼻孔裡，到時候就不能這麼做了。還有，跟其他的小朋友們在一起的時候，要知道保護自己。他們會扯妳辮子的……什麼!?妳還想留著辮子？不行的，妳得去剪頭髮啦！」這樣的畫面，真是慘不忍睹！教父來之前，小女孩還歡天喜地的；迎接教父的時候，也還興高采烈地。之後，我就再也沒有聽到她的聲音了。想必大人這番逗弄的話，卻讓小女孩徹底崩潰了。這只是一個例子罷了，然而不知道有多少次，大人都是這樣告訴孩子的——入學就是美好生活的結束！

**難怪我們會看見有些孩子哭著不想上學，或者在人行道上賴著不肯上學的場景。**

也有些孩子迫不及待地想去上學，是因為會有新書包之類的東西。然而，他們卻料想不到，進了學校以後，就被一視同仁地對待。媽媽去學校接他們回家以後，這些孩子總是非常焦慮……尤其是第二天……而到了第三天，他們就不想再去上學了。幸好，我想還是有一些學校會用不同的方式來迎接孩子的……這麼說吧，讓孩子適應學校，應當是有一個循序漸進的過程：首先，不應該當面指責一個有上學恐懼症的孩子。做父親的或許可以找一天在上下班的時候順便去接送孩子。還有很多孩子，在上學之前必須先去保姆家，而這是他們過去沒有的習慣。另外，還得起得很早，而他們原本以為上學只是去跟其他的孩子一起玩罷了，可是後來卻發現完全不是這麼一回事。母親也沒有提前告訴孩子要先去保姆家，然後從保姆家去學校；放學後是保姆去接他，所以只有到晚上才能夠再見到母親。我認為父母應該預先告訴孩子即將發生的事：不要恐嚇孩子；而是要讓孩子知道父母是支持他們的，並且告訴孩子：「我會想著你的！」這些對孩子來說是非常受用的。也可以跟孩子說：「你看，我給你一張圖卡（或一張地鐵票）。你在學校要是覺得無聊的話，會有這個東西在口袋裡陪著你。這張地鐵票是爸爸給你的，有了它，你就可以更安心了。」類似這樣的一些小東西。孩子需要父母的陪伴。像學校這樣的新環境，孩子需要父母給他們一些能夠代替陪伴在孩子身邊的小物件，讓孩子對自己有信心。

還有必須要說明的一點是：孩子沒有辦法說出在學校裡發生的事情。孩子在自己的家裡，就只會講到此時此地發生的事情以及當下他在想的事情。孩子是活在當下的！然而，當孩子被問到：「在學校裡發生了什麼事啊？」父母卻會因為孩子無法敘述，而責備孩子。

**我們來看一下第二次或第三次開學返校的孩子吧，現在不再害怕上學的問題了，卻可能因為換了新老師、新同學，或者因為班級氣氛的改變而感到不安。**

重要的是，要知道孩子上學年在學校過得是不是快樂。如果孩子有點不感興趣，或者曾經遇過一些麻煩，那麼新學年他反而會很高興：因為他不想再見到原來的老師。在醫院，我聽說過很多這樣的孩子：「他每天都不想去上學，可是一到星期天就好的不得了。」當我跟這個孩子聊過以後，結果實情是：他不想要現在的老師，而是想要上學年的那位老師。可惜的是，新老師卻對他們說：「那些學習跟不上的人，就回去跟低年級的孩子一起吧。」事實上，孩子正希望如此。所以，我會向孩子解釋說他很幸運：「你不喜歡現在的老師，真是最好了。因為如果你喜歡現在的老師，明年你就不會想去另一個班級了。」

如果孩子不喜歡自己的老師，可以這樣問孩子：「老師講課講得好嗎？」孩子通常會回答：「我不喜歡這個老師，可是她講課講得很好。」這時候母親就可以說：「那就好啦，這就是重點啊。老師的責任就是把課教好；剩下的事情，有媽媽在。」

# 2 喊叫是為了引人注意

這裡有封來自一位老師的信，她三歲半的孩子，目前有一些小麻煩。這位母親首先描述了一下自己家庭的狀況：丈夫工作很忙，常常很晚才回到家，但還是會在晚上或週末抽出時間跟孩子玩，陪他們聊天（家裡還有一個快一歲的小弟弟，三歲半的哥哥也很能接納弟弟）。哥哥從兩歲半進幼稚園，在學校表現得很好。剛開始也曾經遇過不順利的狀況：由於在幼稚園裡他年齡最小，老師有點太把他當作小寶寶看待，這種情形曾經讓孩子生氣，後來也就解決了。信裡提到：「這段時間裡，一學年換了三個保姆。可是今年，出了問題──一位新來的保姆照顧我兩個孩子，看起來孩子們把她搞得有些焦頭爛額……」

這位保姆幾歲？

她五十二歲，有一個十八歲的女兒。她抱怨小男孩不聽她的話，對她粗魯無禮，甚至還踢她。母親質問大兒子，孩子完完全全承認了自己的行為。可是即使這樣，保姆依舊很難讓他聽話。這位母親說，他們之間每天都會發生新的衝突。現在每天晚上小男孩都顯得越發暴躁易怒，甚至為了日常生活裡的小事情，也會無緣無故地大吼大叫。

實際上，他的脾氣一觸即發。

正是如此。即使母親只是要求他飯前洗手，他都會拒絕。當母親想繼續說話的時候，他就會開始大喊「停，停，停……」這位母親寫道：「這樣的尖叫聲，蓋過了所有想要跟孩子嘗試說明的機會。」為了讓畫面更完整一些，再補充幾點：這個孩子很敏感，感情豐富，喜歡親密擁抱，常常和弟弟玩，看起來也很喜歡弟弟。來信的結尾，母親好像有點自我批評地說：「我覺得我們好像常常對兒子要求太多了，我們要求他要懂事、要有禮貌、要勤快幫忙。我們很希望能夠在擁有一個快樂健康的孩子以及自己容易煩躁的毛病之間找到平衡點；我們沒有做到在適當的時機生氣，我們沒有達到自己設定的標準。」這位母親想向您請教：應該採取什麼樣的態度才能讓這個小男孩不會自我封閉，而且不會那麼挑釁？

看來這個男孩有排斥現任保姆的現象。當然，要找到一位知道怎麼照顧小男孩的保姆真的很難，尤其是對一位——如來信母親所描述的——沒有養育過男孩的女性來講。然而男孩和女孩是非常不一樣的。如果一個男孩在小的時候，也就是說在兩歲半到三歲半之間，不有點粗暴的話，這可不是好現象。因為男孩子需要對一位女性，比如對母親或對保姆說「不」。當小男孩說「不」的時候，母親不要生氣，因為通常來講，當他說「不」的時候，就意味著兩、三分鐘後他就會反過來往「是」的方向去做。為了讓他能夠往「是」的方向長成男孩，就必須明確地對一位女性表示拒絕地說「不」。了解這一點是非常重要的。這位母親在信裡沒有提到父親有否做什麼，他會不會照顧大兒子，例如，帶大兒子出門散步……等等，讓大兒子可以從女性和小寶寶的環境裡脫離出來。

**這封信開頭告訴我們，父親晚上很晚回家；但是，他還是有辦法常常抽出時間陪孩子，至少在週末……**

這位母親說父親會照顧**孩子們**，因此並非只是特別照顧大兒子；然而，兩個孩子年齡差距很大。哥哥好像有點太黏著弟弟了。可是，哥哥想要成為大孩子，因為他兩歲半就被「揠苗助長」提早送進幼兒園了。學校以外，他一定很需要跟自己同齡的孩子玩耍，而小寶寶沒辦法成為他的玩伴。

他看起來很敏感也很聰明，還曾經因為別人說他「小」而生氣；但是，他剛開始上幼兒園的時候，確實還很小。我想這位母親可以幫助孩子安定下來，比如說不要讓孩子獨自一人去洗手；這不難做到，只要對孩子說：「**我們**去洗手吧。」也就是說，母親可以陪伴他、協助他，至少在一旁看著他做這件事。對於母親要求孩子做的事情，可以讓母親和孩子有一些比較親密的分享。我想，孩子會因為這樣而高興。還有另外一件事也非常能夠安撫暴躁的孩子，那就是玩水。母親們對這件事還不是很清楚。孩子從學校回到家裡，或者發脾氣的時候，晚上可以讓他在洗碗槽、洗臉盆或者在淨身盆裡玩水。可以跟孩子說：「來，爸爸給你帶了一只小船。」在浴室裡，孩子可以玩得盡興，並且能夠安靜下來。我們也可以教孩子怎麼用拖把拖乾不小心潑到地上的水。

**我覺得這有點像祖母的祕方……您有沒有什麼更科學的解釋呢？**

在城市的高樓大廈裡，孩子接觸不到很多大自然的元素。而生命，其實就是水、土地、樹木、葉子、敲打小石頭這樣的事情……無論以什麼樣的方式，小孩子都需要發洩自己的攻擊性。在這個案例裡，保姆真的就成了石頭、樹木、牆壁，又像是所有的東西；因此，就像孩子的母親所說的，在這種情況下保姆自然束手無策了。這位母親是不是可以把孩子帶去他喜歡的朋友家玩？我想這個孩子沒有被當成「大孩子」來養育；孩子為了反對這樣的對待而自衛。就在同時，父母又只為了維持紀律，而想要孩子在言行舉止方面是個「大孩子」。當這位母親說到她和丈夫對孩子的要求與約束時，我們會以為孩子已經五、六歲了。這封信裡說到關於孩子方面的事情，還真是有自相矛盾地方。真是難啊！但是，絕對不應該讓孩子有罪惡感。母親說：「孩子承認自己行為不當。」然而，就算孩子承認自己踢了別人幾下，這又能說明什麼呢？他的雙腳充滿了憤怒，所以就踢人；他的嘴裡充滿了喊叫與痛苦，所以就對保姆亂講話。我想，這個孩子不像其他同年齡的男孩子那樣，他還有空閒的時間和精力；可是，沒有足夠的活動管道讓他能夠充分發洩。這個家庭沒有多餘的空間，讓他快樂地生活。

我們再讀一下這封信吧……儘管您已經從多方面做了回答，但是，我仍然想要提出一個比較普遍的問題，因為這位老師提出的主題關係到很多家庭。我提醒您注意一下信裡的這句話：「我覺得，我們常常對這個孩子要求太多了。」大家要求這個孩子聽話、有禮貌，也要求他能夠幫點小忙；而且，還要他身心健康地成長。對一個小孩要求這麼多，不會太過份嗎？

當然啊，尤其是大家對他的要求，是要他符合自己父母的期望。至於父母，他們平常是不是也樂意幫孩子一些小忙呢？是不是也總是很有禮貌地對待孩子呢？是不是喜歡並且知道怎麼和孩子玩呢？例如，可以玩一些圖片分類的遊戲、紙牌遊戲——像撲克牌比大小的遊戲就非常簡單、也可以一起看明信片……當我們要求孩子乖一點的時候，其實孩子完全不了解這是什麼意思，是只能待著不動，還是要幫點小忙。這不就是意謂著孩子不可以有自己的主動性嗎？！我想，這個孩子就像所有家庭裡第一個出生的孩子一樣，有點像新手父母的「實驗對象」。或許這位母親不該太自責。她也是可以自問該怎樣去面對孩子的，因為我覺得這個孩子已經快要受不了了。我剛才有提到玩水的遊戲，不過還有其他的遊戲：例如拼裝積木的遊戲、捉迷藏，還有一些讓他可以跑、可以大笑的遊戲。孩子需要歡樂。當孩子快樂、有事情可以做的時候，就會聽話；當孩子可以說出讓自己感興趣的事情，例如和泰迪熊一起玩小遊戲這類的事情時，他就會乖。母親可以對孩子說：「你今天想要我們玩什麼呢？」而不是把要求孩子來服務幫忙說成「玩」。母親也可以經常幫孩子服務的。比方說，有些大人會要求三歲半的孩子整理自己的東西。這太早了！大人應該用合作的方式來幫助孩子，可以跟孩子說：「來，幫幫我吧，我們一起收拾收拾。」

**來信的這位母親還說：「我們希望孩子快樂並且身心健康。」大人眼中的幸福感與身心平衡是**

**不是和小孩子的世界相吻合呢？**

確實很困難。這是一位從事教育的母親，也許她並沒有察覺到，自己有點太完美主義、太「知性化」了。因為，她習慣照顧那些**另外有**「自己」的媽媽陪著玩耍、嬉笑的孩子們。也許是這個原因。

# 3 離異與焦慮

我這裡有一位父親的來信——很少有父親給我們寫信，他提出的問題是關於沒有法律保障的同居狀態下父母離異的孩子。他請教您，類似出軌或是未經法律認定的父子關係等等的情況，會不會讓孩子感到焦慮？面對這樣的情況，孩子的心理會不會不由自主地感到痛苦呢？這位父親在信中寫道：「孩子會不會產生心理糾結，關鍵究竟是不是取決於孩子在自己的理解範圍內、腦子裡是怎麼看問題的？是不是只要大人把情況解釋清楚，就可以避免孩子受到傷害呢？」

傷害？受苦？每個人都有各自不同的困境。我認為重要的是，父母的關係無論是法律認可或者不認可，都要面對承擔。父母要對孩子說明他是從哪兒來的；對於孕育孩子的父母而言，孩子的生命是有意義的，是母親將他生到這個世界，是父親讓他受胎的。有時候，孩子可能會有很多個爸爸，但只會有一個生父，以及一個孕育過他的生母。這一點也是要告訴孩子的，因為有時候孩子也會有很多個媽媽，從保姆到祖母外祖母都可以被當作是媽媽。對孩子來說，媽媽和爸爸這兩個詞完全不能代表**生**父、**生**母。我想，孩子從很小首先就需要知道誰是自己的親生父母，同樣也需要知道母親所選擇的伴侶；也就是說，孩子需要知道現任的爸爸是否是自己的生父。目前有這些不受法律認可的同居情況，又怎麼樣呢？假如父母承認自己非婚同居的事實，就跟孩子說明他們自己生命的意義、孕育孩子的意義以及孩子本身生命的意義。假如父母目前已經分開生活，而雙方都愛孩子，就會負起照顧孩子的職責，直到孩子有能力對自己負責為止。我想孩子也需要知道自己同父異母的兄弟姊妹，還有自己同母異父的兄弟姊妹等等。像所有的人一樣，孩子的姓氏代表國民身分統一的法律參照，未必總是符合孩子本身的心理認同或者血緣關係認同。

**以上講到的這些，孩子需要在很小的時候就知道嗎？還是……**

在很小的時候就應該要知道了，也就是說從來都不應該有所隱瞞。總有一天，或者是孩子自己，或者是因為聽到一些相關的話之後的反應，都會讓孩子主動直接提問，答案就會更加清楚明白。然而重要的是，父母從來都不要有對孩子隱瞞事實的想法。如果聽到孩子問到類似的問題，像是：「咦，為什麼那個人說這不是我爸爸呢，他明明是我爸爸啊！」這時候，父母應該立刻照實回答。當父母很清楚自己情況的時候，就不應該假裝沒有聽見孩子的問題。只要孩子一提出問題，父母就應該對孩子說出實情，這樣孩子才會對自己有信心，也對父母信任。至於孩子是否能夠理解，這又是另外一回事了。早晚有一天，孩子會以更精準的方式提問。例如「有人跟我說妳和爸爸沒有結婚」，或者是「有人說你和媽媽沒有結婚」——父母可以回答孩子：「這是真的，我本來打算等你再大一點，才告訴你這些事的。我是你的生父，儘管你是跟著你母親姓的。」或者：「儘管我不是你的生父，但是我把你當作自己的孩子看待。我和你媽媽生活在一起，是因為我們彼此相愛，而且她和你的生父已經分開了。」又或者：「你是妳母親與當時心愛的男人所生的，但是他們並沒有結婚。」等等。事實其實就這麼簡單。

這位父親的來信裡，還有一段描述：「我和太太分開了，但是我們好不容易商量出了一種做法，盡量讓我們的兩個孩子——目前七歲和三歲半——個自和我們生活的時間都要差不多：讓孩子和父母雙方個別居住的時間、共同用餐的次數都一樣。根據不同的生活步調，我們還會安排每年八天讓父母雙方一起和孩子在爺爺奶奶或外公外婆家度假。所有的人，包括心理醫生，都跟我說這種做法不恰當，他們認為孩子應該由父母其中一方來撫養，偶爾才去看另一方。」這位父親在信中還補充說：「可是，我們卻反其道而行，我認為這些人眞是莫名其妙；他們不知道，一個男人或女人對他們親生子女的愛會有多深。」接著他做了這樣的結論：「三年以後，我們的孩子和其他的孩子相比，看不出有什麼不正常的地方；他們在班上的成績也還不錯。我和他們之間的關係也改善許多，以前有的爭吵也減少了。我還注意到，兒子從此也不再口吃了。」

這個例子真是有意思。

**這讓您很驚訝嗎？**

沒有。一般來講，做父母的很難達成共識；然而，這對父母儘管已經離異，他們之間似乎相處得很好，甚至可以一起和孩子相處八天。離異的父母還能一起和孩子相處八天的，實在非常少見。不過，信裡沒有提到，這些孩子是男孩呢還是有男孩有女孩。信裡也沒有提到，這對離異的父母是否各自再婚。當離異的一方再婚又有了小寶寶、而另一方也成家又有孩子的情況下，問題會變得更棘手。我認為沒有現成的解決辦法。為了讓孩子能夠與父母雙方相處，也為了讓孩子能夠清楚地意識到自己的情況，真正的辦法是：父母共同擔起對孩子的責任並且繼續友好地相處下去，同時，也要讓孩子知道即使父母分開了，還是願意一起承擔照顧他的責任。在這裡，我要恭喜來信的這位先生成功地辦到了。一般來說，假如孩子有時候去母親家住，有時候去父親家住，到最後，孩子會不曉得到底哪個才是「自己的家」。例如在來信裡，這位七歲的小孩，有時候住在父親家，有時候住在母親家，目前還沒有太多的作業要做。事實上，孩子學習好，功課自然做得好。只要孩子在同一個地方有自己的空間，並且能夠想見父親的時候就能見到父親，想見母親的時候也能見到的話，那麼他的學習和作業情況都會是比較好的。如果用這樣的方式就能解決問題，又何樂而不為呢？其實重要的是，讓孩子感覺到父母雙方依據他的年齡、上學以及與同學交往情形等等相關事情上達成共識，重視最適合他個人的生活步調。也不應該有什麼只能跟父母一方說、而要對另一方隱瞞的事情。但是很可惜的是，這樣理想的情況很少見。原因是，離異夫妻之間的敏感猜忌以及互相較勁所造成的。任何一方都不願意放棄「獨占」孩子的時間；同時，跟離異後父母的生活方式不同也有關係。

# 4 是寶寶造就了媽媽——關於餵食

這裡有一封關於哺乳問題的來信。來信的聽眾目前懷孕，她想請您談一談關於餵食母乳的優點與缺點。如果把這個問題擴大一點來談的話，不得不說某些婦產科醫院有種近乎恐怖決斷的觀點，那就是一定要餵母乳！可是孩子出生以後，許多女性很快就發現自己無法親餵母乳，而會為了這件事情傷透腦筋。

要知道也有相反的情況，就是有一些診所和醫院也會傳遞給那些想要餵母乳的女性某種焦慮的情緒，像是：「如果您要餵母乳的話，那就再也沒有自由啦！」我認為，每一位女性都是根據自己曾經被母親照顧過的方式來做選擇的，比如說，自己的母親餵過她母乳，或者她很遺憾自己的母親沒有餵過她母乳……我見過一些母親本身沒有多少奶水，卻堅持要餵母奶；可是很明顯地，孩子得不到足夠的營養。在這件事情上，最好等孩子出生以後再看情況決定，做母親的應該要避免抱持**既定的想法**。事實上，是寶寶造就了母親。在孩子出生以前，準媽媽可以盡情地表達自己的意願，像是：「我會這麼做；我會那麼做。」一旦寶寶出生了，母親會完全改變自己原先的想法。因此……母親在寶寶出生之前，不用考慮太多的問題。不用做過多的規劃，而是順其自然地享受著每一天生活裡的喜怒哀樂。

**不過，您剛剛提到餵養寶寶的情況，可以追溯到準媽媽童年與自己母親之間出現過的問題。有人跟我說您有一個關於這個主題的小故事……**

這個小故事說起來有點長。您想說的是那一位在戰爭時期生下孩子的媽媽的故事吧？當時，我正在接受精神分析訓練；這個故事很不尋常，到現在我都覺得不可思議。故事發生在我當時做見習醫生的醫院護理站，實習醫生對我們說：「有一位產婦生了，真是太棒了，她奶水特別多，足足可以餵飽三個嬰兒……」戰爭時期是非常缺奶水的。然而，就在第二天，實習醫生說：「你們不知道發生了什麼事情吧？她只給自己的寶寶餵了一次奶，然後奶水就完全斷了……」沒有人知道為什麼。於是我說：「應該跟這位太太談一談，原因可能是她自己的母親沒有餵過她母乳，所以當她感覺寶寶在吸吮自己乳房的時候，深深的罪惡感湧上了心頭。」自然而然地，護理站響起了一陣笑聲……只有精神分析師才想得出來這樣的事情啊！過了幾天——那時候，我一個星期去醫院見習兩次——一進門，就被英雄式的列隊熱情歡迎。大家對我說：「您不知道發生了什麼事情吧？」我說：「不知道啊。」「奶水回來啦！」換我驚訝了：「啊!?」母嬰中心的實習醫生說：「我對值班護理師講了事情的經過還有您的想法之後，值班護理師才剛跟這位太太談起來。她就馬上一邊啜泣，一邊說起自己被母親遺棄，而且從來沒有見過自己母親的經歷。」這位值班護理師出人意外地靈機一動，像母親一樣呵護照顧起這位新手媽媽，溫柔又慈愛地對她說：「您啊，天生就是一位好母親，您會照顧好寶寶的。」並且又加了一句：「您的媽媽沒有給您餵過奶，現在我就給您餵奶瓶吧。」然後，把初生嬰兒放到這位母親的懷裡。就這樣，值班護理師一邊溫柔地摟著新手母親，一邊餵她奶瓶。奶水一下子就回來了。這是一個真實的故事。

現在有一個關於孩子飲食方面更具體的問題。這位母親是越南人，她說：「我兒子快七歲了，很挑食，他只吃米飯、麵條、牛肉、馬鈴薯，其他任何蔬菜一概不吃，也拒吃綠葉蔬菜。水果就只吃柳丁、香蕉和蘋果。我試著變換不同的食材，可是如果不是孩子自己選的食物他就不吃。這樣的情況，會不會對孩子的成長造成不好的影響呢？」這位母親還說，她幾乎不怎麼做越南菜，

**反正孩子也拒絕吃。不過當孩子在學校餐廳吃飯的時候，基本上什麼都吃，可是他卻要求要回家吃飯。**

這個孩子吃的食物對他來講，基本上完全足夠了。他不吃綠葉蔬菜，但是他吃蘋果、柳丁、香蕉……我覺得這種情況沒有什麼好擔心的。最令人擔心的，其實是這位母親無謂的擔心。

**這麼說，她是可以放心啦？**

她是可以放心的。我想孩子這麼做只是在耍弄母親。這位母親別再為這件事情擔心了。她可以給自己和丈夫準備一些兩個人共享的餐點；兒子的話，就按照他要求的，給他做那些一成不變的東西。尤其是，母親不要再擔心孩子吃什麼，並且放手讓孩子選擇自己想吃的東西。一段時間以後，孩子看到大人開心地吃著其他可口的菜，他自然也會想嚐嚐看。

# 5 沒有「應該要會說話」這回事
## ——說話與親吻

這位來信的母親有個十八個月大的女兒，她一直是個很好養的寶寶，睡得好，吃得好，還很愛笑……是個完全幸福快樂的孩子。可是自從暑假結束以後，她完全變了。在這三週的假期裡，母親帶著孩子在法國做了一次探親旅行，每個地方停留一、兩天，在很短的時間內走了將近四千公里，眞是跑了很多地方。假期回來以後，除了父母親之外，小女孩再也受不了被別人抱到懷裡，還會平白無故地哭起來。當母親用吸塵器吸地板的時候，如果要求小女孩挪開小椅子或小桌子，她就會拒絕，同時還會開始大聲尖叫。這位母親想不出來女兒這種態度的轉變想表達的意思是什麼。來信最後，母親補充說明，（二月份）家裡快要添個小弟弟了……

最後這句話非常重要，因為如果寶寶一月要出生的話，那就意味著母親去年七月的時候就已經懷孕了。然而，巡迴探親之旅正發生在七月，小女孩當時六個月大，她同時經歷了兩大考驗：更換生活環境，見到許多新面孔，還有尤其是感覺到母親懷孕了——嬰兒是能夠感覺得到自己母親懷孕了。我認識一位有許多孩子的母親，她告訴我：「我總是由前一個孩子的反應得知自己懷孕了——因為在哺乳期間，並沒有其他懷孕的徵兆——而是這個孩子有退化的反應，總是想要我抱著，我一要他做事他就嚎啕大哭……於是我猜測自己又懷孕了，結果屢試不爽。」因此，來信中的這個小女孩也感覺到自己的母親懷孕了。而且，十八個月大正是極想要獨占母親的年紀。母親最好花很多時間陪伴孩子，應該邊和孩子說話邊操弄手中的各種物品逗孩子玩，多跟孩子玩遊戲。這位母親也應該跟女兒解釋，她之所以感到痛苦是因為媽媽快要有小寶寶了。生小寶寶不是為了讓女兒開心，而是父母親決定再有另外一個孩子。還要跟女兒解釋這段時期會讓她很不開心，但是以後，她會為此感到非常高興的。

另一封信是關於一個十七個月大的小男孩。他是獨生子，主要有尿床、尿褲子的問題。信中說道：「我們這些新手媽媽常常會被一些育兒手冊、專家建議或是現成的育兒觀點搞得昏頭轉向。我的孩子十七個月大了，還不會說話。孩子到底幾歲應該要會說話呢？」

沒有什麼「應該要會說話」這回事。不過，為了讓孩子在可能說話的年紀開口說話，應該要能夠感受得到，當我們對著孩子說話的時候孩子是有回應的，會看著我們，會自發地做一些模仿的表情、找尋一些肢體接觸，並且會想讓我們了解他。另外，當孩子是父親或母親唯一的談話對象時，孩子其實是不容易開口說話的。孩子學習口語的方式，是藉由看著母親對父親談到孩子，或者為了孩子跟父親討論，或者是說到其他事情的時候會在對話中講到孩子。孩子也應該和其他的人交談。「說話」對一個孩子來講，是帶著自己的玩具或者其他類似的東西過來找大人。因此，不要對孩子說：「你打擾到我們了」，而是要說：「你可以聽我們說話。」

**我想這位女士寫到的「語言」，其實應該是指「口語」吧？**

是的。不過，孩子唯有在有事情要說的時候，語言才會自然而然地表達出來。然而，孩子在會說話之前就已經會表達很多事情了，也會讓大人明白他想要什麼。這位母親不需要為孩子的語言能力擔心。正如我們知道的，通常男孩說話會比女孩晚一點。一般來說，女孩說話說得比較多，是因為女孩不像男孩那樣有外在的性器官，所以，就得在別的方面引人注意。

**我還真不會想到這一點呢！**

然而確實是這樣。男孩說話比較遲。有時候，家裡第一個小孩會比較早說話，因為他們非常渴望能夠加入父母之間的談話。但是第二個孩子就不那麼急了，每次當他需要說什麼事情的時候，老大就會代他說話。對男孩子來說，十七個月大就會說話，是很早的。我認為，母親最好可以試著和兒子互動，可以用手的動作來交流，也可以把弄物品讓兒子觀察，或者讓他和小熊布偶玩說話的遊戲，而不是只顧著跟孩子說：「去尿尿！去便便！」況且，讓十七個月大的孩子使用廁所便座還是有些太早了。相反地，這時候培養孩子手部靈活度是不嫌太早的，可以讓孩子堆積木、玩球，也可以用嘴巴來玩遊戲，像是吹泡泡，或者跟著節奏唱歌，發出「噗噗噗」等等各種音效。母親可以模仿不同的聲音效果來逗孩子玩，也可以唱歌，這些都是教孩子說話最好的方式。

這位母親還說自己的小寶寶情感很豐富，被她和丈夫呵護得很好，也習慣家裡這種濃濃的情感表達方式。因此，當他遇見其他的孩子，甚至是遇見小動物的時候，都會表現得非常非常熱情。這位母親對我們說：「我的一位女性朋友，有一個十四個半月大的寶寶，我的兒子對他又抱又親、又哄又摸。朋友便責備我兒子太煩、太黏人了。這樣的情形，我們可以怎麼辦呢？」

可能真是如此，我也不知道。然而，這種情形跟他不會說話的事實還滿相符的。當孩子還不會說話的時候，總是傾向於用雙手和嘴巴去跟他人的身體親近，也就是摟抱親吻。有可能是這個孩子曾經有點太被寵愛，過於被人摟抱親吻了。我也借此機會跟母親們說，儘管親吻孩子的身體是一件非常愉悅的事情，因為孩子的皮膚非常柔嫩，但是，兩歲或兩歲半以前的孩子會把「親吻」和「吞食」這兩件事情有點混淆在一起。孩子喜歡透過肢體與肢體的接觸來表達愛意，而不是把愛說出來或是在行動上表現出配合，也不會藉由把玩一些小東西去表達。我想來信中提到的這個孩子就處於這個階段。我認為，當有另一個小孩在場的時候，應該對他說：「你知道他還小，你這樣做，他會以為你要吃掉他的。可能當奶奶外婆、阿姨姑姑、媽媽抱你親你的時候，你也以為我們要把你給吃了……所以，你要反抗啊！你看，小嬰兒很想反抗啊，她的媽媽就來幫他反抗，因為他不喜歡別人這麼抱他親他。」不應該繼續讓孩子又親又抱別的寶寶。像這樣總是玩「吸蘋果」似地親得小寶寶滿臉都是口水，對小寶寶或者對孩子都不好。十七個月大正是運動細胞發達、嘗試特技動作、喜歡搬動東西、玩球類遊戲的年紀，也是想用手觸碰所有東西的年齡，而這些都比人更讓孩子感興趣。

簡而言之，這個孩子有可能在對一個比自己更小的孩子做大人對他所做的事情，而且他還要繼續忍受著大人這樣子的做法。他曾經是周圍所有人喜歡把玩的物件。當他處於要藉由語言以及行動合作來融入成年人生活中的時候，卻被大人玩來玩去、親來親去、摸來哄去。這些被大人當作泰迪熊或者小狗般養大的孩子，會以為自己真的是小寵物；長大以後，會有攻擊性。

# 6 做了就做了——關於焦慮

這裡有一封來信再次提到了一些您以前談過的話題。這位來信的母親寫道：「您說得千眞萬確，家裡第一個出生的孩子總是新手媽媽育兒的實驗對象。」她有一個三歲半的女兒，還有一個兩歲半的兒子。兒子出生以後，她才眞正感覺到自己成為了母親。女兒出生的時候，她和丈夫才剛剛脫離各自的原生家庭，她有些像旁觀者似地觀察女兒，信裡寫道：「我一定在女兒出生後的三年裡，在她身上累積了創傷，現在亡羊補牢是不是還來得及呢？」因為她聽說，孩子三歲定終生，不可能彌補過去。這是眞的嗎？如果眞是這樣的話，就像她所說的，是否可以亡羊補牢呢？

她並沒有提到是不是真的有什麼具體的過失啊，她只是感到自責而已。這並不能說明孩子身處其中時適應或成長得不好啊，我們對此一無所知……

**應該是有過一些重大的危機。**

哪些重大的危機？……這裡還是要再說一下，這位母親說的在某種程度上有些道理，實際上對孩子有決定性影響的成長經歷是在六歲以前，而不是三歲定終生。六歲時，孩子已經根據自己從出生以來的生活經驗，形成了自己的性格。為什麼呢？因為在生命初期，孩子還沒有參照的基準。假如孩子由中國人來撫養，那麼孩子就會說中文。然而，孩子也可以是說法語的；孩子說的不僅僅是語言，他還「說著」從父母身上傳承的行為方式。他會自我學習，並且知道要成為大人，就是要像自己的母親或父親那樣。這個小女孩擁有的性格，深深烙印著自己與家人關係的痕跡；但是，這完全不表示她的性格就會變得糟糕透頂或是很神經質。

已經做過的事，就做了；現在重要的是，有一天當孩子長大了，當她說：「啊！你其實並不愛我」的時候，要對孩子說：「不，我是愛妳的。但請妳設想一下，妳出生的時候，我還根本不知道當媽媽是怎麼一回事。或許是妳教會了我怎麼當媽媽的呢……我要謝謝妳，讓我知道了在弟弟出生以後，怎麼當母親的。」聽到母親承認在育兒過程中曾經生澀笨拙，以及聽到母親說多虧了自己，才能在面對第二個或第三個孩子時不再那麼笨拙了，一定會讓這個小女孩感到非常驚喜。所以，告訴孩子實情是很重要：不要對孩子隱瞞母親在育兒過程中曾經有過的困難，並且為此常常憤怒。父母和孩子之間應當坦誠相對，不要試著去「挽回」什麼。不會因為孩子在三個月到十八個月大的時候奶瓶餵得不夠，就會讓他得到佝僂病；也不可能在孩子九歲的時候，一下子把他嬰兒時期沒有喝夠的奶全都補上。這個孩子是由她自身發展養成的，或許她的脾氣會比弟弟壞一點，然而也未必真的會這樣；或許因此，她讓自己更有保護自我的能力，我也不確定。然而可以確定的是，一切會成為孩子未來性格養成的元素，在孩子三歲以前就已經準備好了……現在，要去了解孩子的性格，因為孩子已經有了屬於自己的個性了！大人尤其應該去喜歡孩子的性格，孩子也要喜歡自己的性格。也就是說，要幫助孩子去了解他自己，比如可以和孩子聊一聊自己喜歡做什麼，應該是由孩子本身說出自己喜歡做的事情。如果是個男孩的話，那麼父親或者祖父、叔叔舅舅或者某位男性，就扮演著最主要的角色。如果孩子已經有一些內向封閉的話，母親是不可能自己一個人來解決這些問題的。男孩子只有在面對一位男性的時候，才會打開心房；做父親的這時候是責無旁貸的。三歲的孩子喜歡模仿與自己同性別的父母，來吸引另一性別的父母；另外，孩子也需要同齡的小朋友。

還有一位母親的來信很有趣：「收聽了您們的節目之後，我想假如我以前不是一個完美的好媽媽的話，至少以後我會是個模範祖母！」她的孩子目前分別是十一歲、十二歲和十三歲，她認為，自己在孩子們小的時候，在教養方面可能犯了一些小錯誤，她說：「我覺得以前有過的問題，好像都源自於孩子們太過於敏感。歸根結底，我覺得孩子們不要那麼敏感，他們的身心就會更健康，性格也會更陽光。」

確實是這樣的。

**那麼，對於比較敏感的孩子，我們是不是應該更加小心翼翼地互動呢？**

不用。首先是，要承認孩子敏感的一面。當然，比較敏感的孩子，對喜怒哀樂的感覺都會比較強烈。這個時候，我們或許可以和孩子一起分享他的快樂。其實，孩子需要的是別人能夠用語言說出他的敏感，不去評斷好或壞，而是認同這個事實，既不懊悔也不引以為恥，讓孩子接納並且駕馭自己的性格。

**另外一封信是關於一個四歲的孩子，這個孩子既好動又好鬥。在學校裡，他明顯地表現出不**

適應，學習跟不上，又經常亂動亂講話，並且注意力不集中，進而影響他參與班級的活動。在家裡他非常挑釁。信裡說：「無論我們要求他做什麼，他總是表現得很叛逆，也不好好吃飯，還尿床，是個焦慮的孩子。」

事情看起來已經有點嚴重了。我認為這位女士應該帶孩子去醫學教育機構做諮商……這是我們所謂的性格不穩定的兒童，也就是一個焦慮的孩子。在家裡可以採用的基本處理方式是：當孩子開始煩躁易怒的時候，母親千萬不要跟著孩子生氣，反而應該表現得很冷靜，並且要試著給孩子喝一點東西，例如給孩子喝點水，並且讓孩子玩水。這點我曾經說過：每天玩水或者是泡澡對焦躁的孩子有很大的幫助。音樂也可以讓孩子安靜下來，不過不要放一些不好的音樂，而是放一些莫札特或巴哈之類的音樂。但是，這個孩子的情形，我認為還是需要帶去兒童醫學教育機構做心理諮商。

另外，這位母親還寫道：「他不好好吃飯。」不會真的是這樣的。如果母親能夠不打擾孩子，讓孩子吃自己想吃的東西，不要讓孩子為了吃飯這件事情感到煩心，對孩子來說就已經很好了。孩子不餓的時候，還硬要孩子吃飯是很不好的；在這種狀況下，吃進肚子裡的只是焦慮而已。

# 7 了解新語言，接納新父母

我們來談一談被領養的孩子和養父母吧。有一位女士領養了兩個孩子，其中一個孩子目前九歲，另外一個孩子是這封來信希望討論的重點。這個孩子在一九七五年四月底來到法國，是一個越南小孩，當時只有六個半月大。讓養母有些意外的是，只要有一點事情讓這個孩子不開心的話，他就會痙攣抽慉甚至昏厥。這種情況發生在孩子六個半月到九個月大的時候，例如，每當他快喝完奶瓶裡的牛奶時，就會抽慉得非常厲害。您對這樣的情況有沒有什麼解釋？

有。戰爭讓這個孩子受到心理創傷，也是因為這個原因孩子被領養。當時孩子身處戰亂之中，本來還在母親懷裡吃奶的，卻突然被迫與母親分開。戰爭就發生在孩子身邊，小小的他對這一切都留下記憶。對於他的情況，我一點也不意外，因為六個月大的孩子已經是個大寶寶了，他已經很熟悉自己母親的氣味與聲音，還有母親越南話的聲音語調。這一切與母親的連結，可能因為母親的離世而突然破滅了；總之，在他離開家鄉來到法國後，都被摧毀了。顯然他的身體又重新找回了生存的安全感；可是，象徵性的自我卻突然中止，而必須整個重新建構。從他搭飛機來到法國，如同「承受」了第二次的「出生」。如果可以這麼說的話，這一切留給他的記憶像是「被延長的胎兒生命」；這次的變故就是一次充滿創傷的重生。要是這個孩子日後在身心方面發育得有些落後的話，我也不會感到意外。他就像一棵植物被移植到另一片土壤裡。因此現在，這個孩子再次經歷憤怒，是**有必要的——絕對是有必要的**。孩子藉由憤怒和痙攣的方式，再走一次自己親身經歷過的悲慘事件，是為了讓自己排盡這一段的生命歷程。

現在這個孩子兩歲了，但是他不想讓自己的大小便被處理乾淨。每當母親給他換尿布的時候，他都不願意母親把用過的髒尿布拿掉，好像意識到這些東西都是屬於自己的，而且不願意丟棄，好像這些東西能夠讓他想起自己從越南籍父母親身邊被硬生生奪走之前，那些共同生活的經歷一樣。

正是因為在他充滿各種需求的身體裡，還殘存著自己六個月大以前渴望生母的記憶。然而在法語環境裡，他象徵性的生命（vie symbolique）還不到兩年。我們甚至可以說他還沒有十八個月大，因為對他而言還需要時間去了解另一種語言，適應生活，從而**讓自己接納新父母**——這些至少需要三、四個月，甚至五個月的時間。因此雖然現在這個孩子已經兩歲了，但是卻比實際年齡要小了九個月，甚至小了一歲，儘管他的身體年齡「比較年長」。從語言的角度來講——我指的語言並非僅僅是「說話」而已，還包括情感反應的表達方式——他的實際年齡至少小了九個月。

現在來談談關於憤怒的問題……這個孩子出生後的頭幾個月，是在嘈雜又令人不安的戰爭環境裡被撫養的，甚至或許有些日子沒有東西可以吃。戰爭烙印在他的身上，憤怒對他而言，是一種讓自己重新找回曾經與生母在一起的那些時光的方式。然而，他的養母要如何才能幫助他呢？現在他已經長大一些了，可以聽法語了，所以可以跟他解釋：當他還小的時候，生父生母在戰爭中去世了或者失蹤了，只剩下他一個人，因此他就被帶到了法國，並且在這裡重新找到了另外一個迎接他的家庭。即使他看上去是聽不懂的樣子，但只要對他重複多說幾次，他會聽進去的；這麼做至少可以讓他的憤怒情緒有理有據，因為這些憤怒是他精神受到重創的表現。在他表現出憤怒的時候，尤其不要生氣，要對他說：「是的，我了解，是你小時候經歷的戰爭讓你這樣的，你身上現在還留著戰爭的痕跡，你需要把這些情緒發洩出來。」

**當大人生氣，想要打這個小男孩屁股的時候，他會表現出一種令人相當吃驚的態度：他會笑起來，大人會覺得他好像對懲罰毫不在乎。**

不是這樣的。家長把孩子的笑解釋為「毫不在乎」，但事實上並非如此。這個孩子生活在一種神經緊繃的狀態下，對他來說，笑與哭幾乎可以是同一回事，這些都只不過是他情緒緊張的宣洩方式。他處在壓力下，因此用這樣的方式來宣洩壓力，這多半是因為他的自尊心很強，所以更不要去羞辱他。當他脹滿怒氣的時候，我認為最好是把他帶到另外一個房間，然後低聲平靜地跟他說說話。等他怒氣消了，再跟他講一講我剛才解釋的話。

**所以在類似這樣的情況下，應該怎麼做呢？應該要和孩子談一談嗎？一定要跟他們解釋曾經遭遇過的情況嗎？**

是的，一定要這樣做，而且，要對他們講一些詞彙：像是「生父生母」、**另一個**國家、**另一個**地方、**另一個**家。假如是那些曾經在育幼院裡被照顧過的孩子，他們曾經在一個有其他孩子的小群體中生活過，有幾個成年人負責照顧好幾個小孩子。因此，當領養家庭看到這些孩子幾乎不怎麼需要大人的時候，會感到有些吃驚。相反地，當這些孩子身邊圍繞著五、六個動來動去、跳來跳去的孩子時，他們就會非常開心……這些孩子不太需要大人的愛撫，我們可以說——他們已經習以為常了；或者也可以說，在他們出生後的最初幾個月裡所經歷的事情留下了印記，就像錄在記憶的磁帶上，是令他們感到熟悉又安心的生活方式。這些表現多少都會透過一些不同尋常的行為方式表現出來：有些是讓人愉悅的行為，有些則是讓人討厭的行為。我認為，如果父母親能夠用語言溝通的方式，跟這些孩子講一講過去，孩子會比較容易找到解釋自己行為的答案。接下來一切都會順利解決，因為，就像養父母要接納被收養的孩子一樣，被收養的孩子也需要去接納自己的養父母。

還有許多異國婚姻的夫婦，比如說有德國人娶了法國太太，或是法國人娶了德國太太等等。這裡就有一位來自德國的媽媽，丈夫是法國人。她想請教您，對於一個生活在法國雙語家庭裡長大的孩子，假如必須選擇主要使用母親的母語或者是父親的母語時，孩子是否會容易出現心理不平衡的問題呢？同時她還問您，在孩子的成長過程中，是否有某些特定的成長階段只使用一種語言會比較適當，也就是選擇使用母親的語言，或者選擇使用父親的語言？很可惜，這位來信的聽眾沒有註明孩子的年齡，我猜想孩子應該還很小。

她也沒有註明孩子的性別嗎?

**沒有……不過我想應該是個男孩，因為她在來信中用的一直都是男孩屬性的用詞。**

我們都知道，胎兒聽得到外面對話的聲響，包括父母親的聲音。這對夫婦彼此之間過去或者是現在，可能都是輪流使用法語和德語在交談。他們只要繼續這樣做就好了。儘管如此，最好還是讓孩子在整個小學階段只使用同一種語言，直到他學會了讀和寫。這個時候，母親或父親則根據孩子在學校所使用的語言——法語或德語——來輔導他。不過，因為這位母親是德國人，所以在她身為人母的時候，是不可能不使用自己母語的。如果她必須用一種非母語的語言轉換自己原來的說話方式，那麼她就無法表達母親那種直接又直覺的情感，與孩子自然地交流。

**對於這個孩子來說，難道不會有什麼心理創傷的潛在危機嗎?在聽您說這段話的時候，我想到了一對異國婚姻的朋友。他們的女兒能夠表達自如地使用兩種語言。一開始，她說的話實在太難懂了;可是不久以後，她就創造出了兩種不同語言的世界。也就是說，對這個小女孩而言，有一部分的人屬於德語世界，另一部分的人屬於法語世界;她從來都不會有用這個語言世界的語言去**

## 回答另一個語言世界的問題。

為什麼不可以呢？她很機靈，自然不會把這兩種語言搞混。不過，還需要補充一件事情：如果一個接近兩歲的孩子正處於熟悉一種語言的時候，卻被帶到了另一個國家，這時候孩子是需要大人協助的。一般情況下，當孩子不再說自己的第一語言時，大人應該繼續跟孩子說這個語言，繼續給他唱一些他小時候聽過的歌曲。同時，透過簡單的方式（像是說出物品的名稱），慢慢地把孩子帶入新的語言環境中。可以跟孩子說「在這裡，這個東西應該要這麼說」。孩子和父母親要像過去一樣繼續使用同樣的語言，而和其他的孩子或者小朋友學習新環境的語言。

# 8 觸碰到孩子身體時——接受手術

這裡有幾封信，是關於準備去做小手術的孩子以及病情嚴重需要住院的孩子。有一個兩歲半的小女孩，她是獨生女，最近必須住院準備接受一次開胸心臟手術。這次手術需要住院兩個月，有幾天會在加護病房，因此探病次數非常受限。另外，這對父母親說，女兒平常有半天的時間會去保姆家，她在那裡覺得很自在，也很喜歡接觸別的孩子。因為常常需要去醫院做檢查，所以她對醫院也已經習慣了。這對父母想請教您，應該如何協助還這麼小的女兒，準備接受手術這件大事呢？

最重要的就是，父母不要焦慮。這類手術現在很普遍，而且也沒有什麼危險性，所以全看是不是能夠做好「心理」準備。父母尤其應該這麼想，就是假如必須做這次的手術，表示孩子的情況並不是那麼糟糕，而且手術以後，孩子會更好。動手術總是挺難受的事情。但是手術的目的，是在治療孩子目前的健康問題，如果不及時動手術的話，恐怕會更嚴重。

怎麼幫助孩子呢？首先，母親未必不能經常去探病，陪在孩子病床邊。母親可以和護理人員商量一下探病的問題，看看能否獲准讓她陪在孩子身邊，這樣會比較好。許多醫療機構也都會同意的。萬一母親不能得到醫院的許可，她也可以提前給孩子準備好幾個玩具娃娃。比如說，可以買四個娃娃，給其中兩個娃娃分別穿上護理師和醫生的衣服。之後在醫院的時候，把這兩個娃娃交給女兒。因為不能把在醫院裡玩過的玩具帶回家，所以母親要在家裡準備好另外兩個一模一樣穿著護理師、醫生衣服的娃娃。等孩子出院回到家裡又可以找到自己的玩具娃娃了；這樣做，有助於讓孩子順利地從醫院過渡到家裡。其實最難的部分就是從醫院回到家裡——這跟來信的母親所想像的正好相反。孩子將會在醫院裡生活兩個月，兩個月對於年紀這麼小的孩子來說，是很長的；差不多等於我們大人的八個月，甚至一年那麼久。所以，回到家以後，孩子需要重新找回曾經在醫院裡陪伴她的物品。

我想，這兩位父母對女兒的擔心同時來自另外的事情，像是「開心」手術這樣的用詞。「開心」這個詞聽上去很令人焦慮，然而，事實上並不是什麼危險的手術。「心」這個字，是象徵愛的地方，不過孩子的母親應該知道，我們不會把她孩子的「心」換走。母親要跟孩子解釋：「醫生要動手術的心臟是妳身體的一部分；可是妳那顆『會愛的心』，是沒有人可以動到它，也不會把它打開的。」

**還有另外一個常常會被問到的問題，關係到兩歲、三歲、四歲甚至只有幾個月大的小男孩……就是包莖和尿道下裂的問題。這些有點專業的術語，還是請您先盡快解釋一下。**

這指的是男孩陰莖部分輕微的異常狀況。包莖就是包皮開口過小，會影響到孩子排尿；特別是，每次陰莖勃起時都會感到不舒服，也會感到疼痛；冬天還會有龜裂的情況。包莖癥狀的確會讓男孩不舒服；維持現狀而不做手術是完全沒有任何好處的。不過這個問題，要由兒科醫生來決定。包莖切除手術當然會讓孩子感到害怕，因此，要對孩子解釋：醫生給他做手術是為了讓他可以像爸爸一樣，有一個漂亮的陰莖，這樣勃起時就不會再疼痛了。還需要知道的是，這個手術其實並不會很痛。

**這裡有一位母親的來信，她的兒子就有包莖的症狀，需要在一年或一年半以後動手術。她說：**

**「你們能夠了解嗎？你們可以想像得到這個手術實在令人苦惱，甚至手術本身也可能給一個四歲大的小男孩帶來很大的心理創傷。坦白說，只要一想到這個畫面，就會讓我驚慌失措。我不敢跟孩子談這件事情，因為我怕自己的焦慮情緒會傳染給他。丈夫和我也從來沒有談過這個問題，好像我們對自己的焦慮進行驅邪一樣。」有時候，這種情況反而更糟糕！**

是啊，這個孩子的問題是包莖嗎？

**啊！抱歉……這位母親說的是比較嚴重的尿道下裂。**

那就完全不是同一回事了。尿道下裂是指陰莖的尿道口不在龜頭的正中央，而是在陰莖下方，或者離龜頭非常近，或者離陰莖根部很近。法國國王路易十六也曾經深受其苦。他成年以後做了手術，因為如果不接受手術的話，他就不能當父親了。有尿道下裂症的孩子會尿褲子，因為他自己完全束手無策。這樣的情形，對一個男孩來說是非常麻煩的。可是，我不知道父母親為什麼會感到焦慮，因為做完手術以後，就是天地之別，孩子會變得非常開心愉快！不過，這個手術本身是會令人不舒服的，但是，如果能夠跟其他男孩一樣擁有正常陰莖所帶來的快樂相比，這樣小小的不舒服簡直是微不足道。所以，父母就應該這樣跟孩子解釋。每當醫生需要動到孩子身體的時候，父母總是會很焦慮，可是針對以上討論的例子來看，父母的焦慮是不必要的，要跟孩子解釋——手術以後，就會無比幸福快樂了。

**以上這些情況，都是關於孩子住院手術的問題。總結就是，爸媽不要太自尋煩惱了。**

是的，況且孩子在醫院裡通常都很開心，只要他們稍微好一點，就會去找其他的小朋友玩。要注意的是，孩子住院的時候，答應去探望孩子的話，絕對不要爽約，這點非常重要。如果母親預期某天不能去探病，一定不要讓孩子以為母親會來看他。在醫院裡的時候，孩子常常只能透過病房的玻璃看到自己的父母。父母親一看到孩子哭了，也會開始掉眼淚，開始焦慮。可是孩子哭是正常的現象，這個時候，父母應該要有勇氣承受孩子的哭叫，更不要就這麼離開了，以為「既然他一看到我就哭，我還是最好不要來探病。」寧可孩子因為看見了母親卻沒有辦法在媽媽懷裡而傷心哭喊，也不應該以探病會讓孩子和母親都過於激動為托詞，而規避掉了孩子的悲傷。即使傷心難過也認了！母親要有勇氣接受自己情緒激動的狀況，但不要太表現出來。即使孩子看到母親會哭，即使母親哭了，都是好事！都比不能見到媽媽，或者以為媽媽把自己忘了來得好。

# 9

# 「我們就當她死了吧」——談攻擊性

又有一位母親被難倒了。她非常用心地聽了您說的關於死亡的問題……她寫道：「我還是有一個問題想要問您，而這方面的問題您還沒有提到過，那就是根據孩子性別的不同，他們會有想要殺死自己父親或是母親的欲望。我女兒就特別想要我死掉。我曾試著去理解這個問題，但我還是得承認這有些太難了。我女兒很喜歡跟我們玩扮演父親或母親的遊戲，她自有一套說詞：『你是爸爸（她對父親這麼說），你是小寶寶（對母親這麼說），我呢，我就是媽媽……』我們常常會進到她的遊戲情境裡，然而有時候我們也不是很想陪她這麼玩。這時候她就會說：『好吧！我是爸爸，你們是小孩。』如果我們問她，那媽媽在哪裡呢？她就回答：『她死了。』還有一天，她和一位六歲的小朋友玩，兩個女孩都不願意當媽媽，她就說：『那麼，我們就當她死了吧……』」

您們看，孩子們用的是法語語法中的「條件式」。「條件式」這個語法形式對於進入幻想模式非常重要，因為「條件式」只會發生在想像的世界裡，也就是與現實完全不同的世界。比如說，我們常看見一些小男孩玩著玩具機槍或玩具手槍，然後「殺掉」所有的人。當我們一邊忙著手邊的事，一邊對孩子說：「哇！完蛋了！我死了！」他們會很開心。因為孩子需要幻想，這樣能夠讓他們擺脫在現實生活中對父母的依賴。因此，孩子想像自己是在另外一個世界裡；在那個世界，他可以變成大人：**如果**我們在那個世界裡……然而，我們並不是生活在那個想像的世界中。父母其實完全沒有必要介入到孩子們遊戲裡，爸媽最好不要攪在其中。這位母親還對我們說：「對，我很清楚伊底帕斯情結……」是的，就是應該像這樣被經歷的：父母千萬不要表現出悲傷的樣子；反而，應該用話語接受自己死了；不過，不要模仿，也不要裝作死了。因為，**如果**我們是在另一個想像世界的話，那麼父母**應該**已經死了。以上這些，對孩子來說是很正面的。

**您剛剛提到孩子玩玩具機槍、手槍的問題。許多家長正好都對這些有點殺伐性的產業表示反感。您是否對此很吃驚呢？是不是應該不要讓孩子有這類的玩具呢？**

就算我們不給孩子們買玩具槍，他們也會用厚紙板或者是其他材料做玩具槍的。孩子們需要這樣的幻想，幻想自己可以掌握生與死。因為，這就是人類。如果可以這麼說的話，就是人類必須要能夠……我找不到精確的字眼來形容，有點像是能夠「馴服」生命的奧祕。孩子藉由把自己置身於想像的世界來達到這個目的。多虧了這些遊戲，孩子日後才能夠接受現實，並且忍受由事物的本質、苦難、社會律法，還有死亡強加給所有的人對自由的約束。假如孩子不能遊戲玩耍的話，面對現實中那些可怕的殺戮他們就會毫無反擊力。想像力，是用來抵禦現實裡的悲劇的。父母不要進到這個遊戲裡，也沒有必要花太多錢來買這些戰爭玩具。不過，父母應該明白孩子還是需要玩這類玩具的……

**我們接著來談談攻擊性這個話題吧。一位母親有四個孩子：一個七歲的女兒、一個五歲的兒子、一個二十二個月大的女兒，還有一個小兒子，現在剛滿兩個月。那個五歲的兒子非常好鬥，還常常「白日作夢」，可是當別人試著把他從夢裡叫醒的時候，他就變得很容易發怒……**

對於這個男孩來說，出生在一個女孩之後、位居老二的位置，其實是很不容易的。他很有可能為了征服現實，想要和姊姊一樣的年紀。假如我們不協助他的話，孩子是沒有能力分辨「依照別人的樣子長大」與「取代這個人的位置」兩者之間的區別。對於這個男孩而言，這就是個危險。他想要做所有姊姊做的事情。為了能讓自己長大，他想要**成為**姊姊，不過並不是想變成女孩。事實上，他想要成為父親那樣的人，可是比他年長的姊姊，似乎成了他前進路上的障礙了。我認為在這個家裡，父親應該多照顧兒子一些，花時間和兒子玩玩遊戲，和他單獨說說話；因為，兒子應當比女兒更早需要父親花時間和精力來撫養的。有時候，當父親和兒子在一起的時候，可以對兒子說：「是啊，女孩和**我們**的想法不一樣。你是我們家男孩子裡面的大哥，你姊姊呢，她是家裡女孩子的大姊。雖然你的年紀排第二，不過你是我們家男孩子裡面最大的啊！」這樣一來，可以讓女孩和男孩分開來成長。從三歲半開始，孩子會依據不同的身體性徵讓自己成長：女孩會在母親身上找到身分的參照，男孩則是參照父親。這樣的過程會一直持續到他們完全自主，我們可以將此定位在孩子懂事的年紀之前，也就是指牙齒的齒列還沒有完整長成的年齡，大約八歲到九歲吧。

**男孩很好鬥，比如在學校裡的表現就是激烈的打架……**

他們想「表現出」**自己是**男生。

這位母親還說：「我完全不知道該怎麼辦。我很想他能夠控制這種突發的攻擊性。」她還補充說：「我們家幾乎不看電視！」我猜，她是想到了一些電視節目的不良影響……

可能是吧……不過在這個案例裡，其實應該是在孩子們的生活中，成年男性的影響力不夠，尤其是對這個小男孩而言。這位母親應該想辦法讓兒子多和其他的男孩子相處，她要告訴兒子：「你是個男孩，你姊姊是個女孩。你是家裡第一個出生的男孩，所以你才這個樣子。你父親會幫你的，你不能一直都這樣好鬥啊！你力氣很大，可以把力氣花在別的地方。」父親可以向他展示一些男孩的遊戲、團體遊戲、肌力與肢體協調的遊戲，還有技能靈巧的遊戲等；而母親則多照顧女兒一些。戰鬥力，是一項社交優點，也是受過教育與訓練的男子氣概的表徵（或是女孩子氣的表徵）。

**通常來講，有好鬥的例子嗎？**

這個男孩正處在最好鬥的年紀，男孩在三歲半到七歲之間是最好鬥的，直到他們發現男子氣概並非等同於侵略攻擊，也不是靠驚人的力氣，而是，在於他們接受了社會法制後，知道怎麼去用這些力氣；還有為人的品行，行事目標的智慧，對他人的尊重與包容，參與的精神，以及友誼、愛與責任。讓一個暴躁的男孩擁有這些優點，需要父親的愛與關注，承認兒子身上有這些優點並且加以激勵，給予他自信心，讓他培養出這些優秀本質。這一切都不可能在幾個星期的時間裡就達成的。我覺得，這位母親似乎太過於擔憂了，而且，這個男孩與父親相處的時間不夠多。或許，這位母親沒有兄弟吧？有一些母親自己是獨生女，結果在面對教育男孩的時候，就會不知所措；而一些身為獨生子的父親，則在面對女兒的教育時會束手無策。

# 第2部

# 那些說不出口的…

# 1

# 間接的問題——父職、出生與性

這是一封來自瑞士的信件，來信的女士收養了一個女兒。養女以前住在德語地區，而這位母親則是說法語的。她有些擔心，很想知道小女孩來到法語地區有沒有受到衝擊。我補充一下，小女孩是在兩個月大的時候被收養的，現在小女孩五、六個月大了。這位女士曾經很仔細地收聽您談到關於孩子的語言問題。我記得，您把孩子的記憶比喻成一個類似什麼都能記錄下來的磁帶。

是的。

這位女士的問題是：「我的養女在她生母子宮裡的那段時間，以及出生後前兩個月的記憶，是否會在以後的某一天出現呢？我該怎麼告訴孩子她是被收養的呢？尤其是什麼時候告訴她才合適呢？」

信裡沒有說孩子現在多大了嗎？

**六個月。**

這裡有好幾個問題需要回答。首先，要等孩子幾歲時告訴她，她是被收養的呢？我認為這不是個問題，因為本來就不應該隱瞞收養孩子這件事情。當這位母親與朋友說起這件事的時候，她的朋友就知道孩子是收養的了，而孩子的父親當然也知道——我猜想，孩子應該是有一個養父的。我覺得重要的是，這位母親應該常常公開談到或者跟親友說：「像我們這樣不能有自己孩子的人，能夠有個女兒好開心啊！」或者說：「我不能懷寶寶。」這種說法叫「懷寶寶」，不是嗎？小女孩會一直聽到類似這樣的話。有一天，小女孩也會像其他孩子一樣問：「我出生以前在哪裡呢？」這是所有三歲左右的孩子都會問的問題。這個時候，可以簡單自然地回答孩子：「妳知道的呀，我總是說我沒有懷過妳的呀。妳曾經有一個媽媽，她和相愛的人一起孕育了妳。妳是在她的肚子裡長大的；然後，她把妳誕生到這個世界。她就是妳的生母。她把妳生得很漂亮，但是她不能撫養妳，因為她不能把妳留在身邊，於是她就去找能夠撫養妳的爸爸和媽媽。最後是我們被選中，來當妳的父母。」或者也可以回答：「當時，我們正在尋找一個生父生母無法撫養的孩子。」而且有些字詞是應該說出來的，像是「生父，生母……」、「我們希望能夠收養一個女兒，別人告訴我們妳沒有了父母，我們就把妳接回來了。」孩子可能會問：「那是在哪裡呢？」這時候，大人可以告訴她是在哪個地方、哪個城市收養她的。這個問題，孩子在一生中會反覆提出許多次。對孩子來說，一次又一次描述事實情況的話語，會讓孩子越來越清楚地意識到。要一直對孩子說，她的「生母」非常愛她。自始至終都要對孩子說這句話，尤其當事人是個女孩的情況下。否則，女孩在母親的陪同下長大，即使不知道母親沒有生育能力，她也能猜得出來的——這樣後果會更為嚴重，因為，這樣的女孩潛意識中會默認自己未來也沒有生育能力。所以答案不言而喻：永遠都不應該隱瞞事實。也許孩子會問：「這麼說，我和別人不一樣囉？」父母可以回答孩子：「你跟我們一樣，我們是你的養父母，你是我們的養子（女）。也就是說，我們選擇了你。」

**這位女士擔心的是，所有的鄰居都知道孩子是從德語地區來的這件事，包括那些將來會是他玩伴的小朋友們……**

所有的人都知道這件事呀。

**所有的人都知道這件事。可是，這位女士希望自己是第一個告訴女兒實情的人。因此，照您所說的，孩子很小的時候就可以告訴他們了。**

很早就可以。因為她可能會聽到別人說「被收養」、「養子養女」這樣的字詞，孩子自己也可能會提問「被收養」、「養子養女」這些詞彙是什麼意思。父母可以趁著有認識的人懷孕的時候或者有孩子出生的時候，提前讓「真相大白」，跟孩子解釋清楚。也可以藉由另外一件事情，讓孩子明白收養是怎麼一回事，那就是小鳥兒的故事——以雞蛋與母雞做例子，一隻母雞下了蛋，而由另一隻母雞來孵蛋，誰才是真正的媽媽呢？真正的母親有很多：有生身之母，還有養育之母。

現在來談談另外一個問題，就是關於德語的問題。當然，這個孩子在生母子宮裡時聽到的語言是德語，並且在德語環境裡生活到兩個月大，那段時間所聽到的也是德語，這些都會存留在孩子潛意識的深處。這些並不重要，而且也沒有壞處。唯一可能出現的情況是，將來她可能對德語感到親切投緣。大家就會對她說：「一點也不奇怪啊，因為妳的生母是德語區的瑞士人，說不定妳的生父也是。妳在母親肚子裡，還有出生後的兩個月，聽到的都是德語啊。」

現在我們來看另外一封有類似問題的來信，是用迂迴的方式在詢問身世根源。來信的太太問了兩個問題，第一個問題是：「我有一個兩個月大的小女嬰，每天到了傍晚就會哭鬧。」她想問，小寶寶是不是會在特定的時候，需要哭鬧一下，有點像大人需要說說話一樣。

我不認為小寶寶需要哭鬧，總之不需要因為絕望而哭鬧。母親可以很清楚地分辨自己的孩子是哪一種哭叫。有些哭叫很快就會結束，就像一個小小的夢。不過，要是孩子總是在同一個時間點哭鬧的話，就表示孩子生命中在這個時段裡發生過事情。大人可能並不知道曾經發生過的事情，或者忘記曾經發生了什麼事情。那麼這時候，就應該安撫孩子：把孩子抱到懷裡，輕輕搖晃……我曾經說過，輕輕地搖晃，會讓孩子想起自己在母親肚子裡時母親走路的感覺，讓孩子能夠擁有安全感。

在這裡我想向您提出一個我個人的問題，那就是嬰兒（就算只有兩個月大）有沒有內心世界呢？

當然有，嬰兒是有內心世界的。每個孩子都不一樣，每個人從出生開始就各不相同。有可能是天色暗下來讓這個小女孩感到不安，我們可以打開燈，並且跟孩子解釋一下。如果這時候母親還有別的事情要做的話，可以用嬰兒背帶或者是長圍巾把孩子綁在自己的身上，和孩子說說話，讓孩子有安全感。任由孩子獨自哭叫是很不好的，儘管有人認為，這樣能讓孩子養成好習慣。還有，孩子也可能會因為某頓飯比較餓而哭鬧。總之，應該要找出原因，去幫助孩子。

**這封信中還說：「我生這個孩子的時候，丈夫趁機拍攝下分娩過程……」**

很棒……

**……所以她想請問您，是不是可以給孩子看這段錄影？幾歲的時候看合適呢？**

有何不可呢！父母放這段錄影的時候……孩子可以在場，但不要強迫孩子非看不可。

**我再繼續唸：「是否應該等到另一個孩子出生以後才看，還是可以盡早給她看這段錄影呢？」**

萬一沒有生另一個孩子呢？難道她就沒有權利看這段錄影了嗎？不會吧。如果父母偶爾放這段錄影來看的話，我想孩子可以在場（不過我很懷疑，是什麼原因會讓父母經常想去看這段回憶呢？）況且，如果有一天孩子說起自己出生時（遲早會有這一天的）會問：「我小時候是什麼樣子啊？」……這時候，可以給她看相簿裡的照片。母親也可以補充一句：「妳知道嗎？妳出生的時候，爸爸錄了一段影片。如果哪天妳想看的話，我們可以一起看。」不過也很有可能（這時候，母親千萬不要生氣），孩子只回答：「哦，是嗎？」然後掉頭就走了，或者回應一句：「我對這個沒興趣。」我一點也不會驚訝，孩子可能有這樣的反應。不過，總有一天孩子會對這段錄影感興趣的。我想無論是青少年還是成年人，都會高興能夠看到自已童年的錄影；所以，能夠看到自己出生時的錄影，應該也會很高興吧！

不過一般來講，孩子看這類的影片，只是出於想要去滿足父母的期望。因為，孩子感興趣的是自己的當下以及未來，而不是自己的過去。

我還想請您回覆一封信，這封信與上一封信有些關聯，但又牽涉到另外一個主題，就是兒童的性啟蒙。這個主題牽涉到如何與孩子對話：上一封來信的小女孩，也許會提出關於自己的出生與收養的問題，另外一個孩子也可能會提出關於性的問題。這裡有一封來信，是有關八歲到十二歲

**的孩子。這位母親問，該如何跟這個年齡的孩子講性呢？該講到哪裡適可而止才不會驚嚇到孩子呢？應該等孩子提出問題以後再解釋，還是應該由大人提出來，以免孩子在同學之間用不健康的方式先討論了這個話題？如果孩子不提出這方面的疑問，又該怎麼做呢？**

一般來說，孩子過了三、四歲這個直接提問的階段之後，就不會再提那些我們所謂的「直接」的問題了。然而，幾乎從孩子會說話的那一天起，從開始說出句子的那一刻起，他們就會問一些「間接」的問題了。比如說，孩子會問這類間接的問題：「我的孩子會是什麼樣子呢？」大人可以這樣回答：「這要看你以後選的太太是什麼樣子（假設提問的是個男孩）。」孩子可能會說：「啊？是嗎？是這樣嗎？」那說到這裡就夠了，不用再多說什麼了。然後孩子又會回到上面那個問題：「為什麼你跟我說，這要看我以後選的太太呢？」這時候大人可以回答：「你知道你和大家都一樣，有一個爸爸。有時候你會聽到別人說：『他這裡像他父親，他那裡不像他父親。』為什麼一個小孩子會像自己的父親呢？因為，父親和母親在創造孩子的生命裡是一樣重要的。」孩子可能會回答：「喔？」如果孩子沒有再問更細節的問題，我們說到這裡就可以了。大人已經說了一些真實的訊息，總有一天自然會真相大白。

至於生育方面的問題，孩子可能會問：「我出生以前是在哪裡呢？」母親可以回答：「你出生以前，是在我的肚子裡啊。」有機會碰到一位懷孕的女性時，孩子可能會說：「啊！這個阿姨好胖啊！」這時候，母親就可以借機跟孩子解釋：「你不知道嗎？在孩子出生以前，媽媽都是把孩子放在肚子裡的！幾個星期或幾個月以後，你就會看到一輛嬰兒車：媽媽的大肚子不見了，嬰兒車裡會有個小寶寶。」這是一種解釋母親懷孩子的方式，其實對大部分做母親的人來說都不是難事。不過，要回答下面這些問題就難了：「孩子是怎麼出來的呢？」「從下面，從母親兩腿之間的生殖器出來的。你知道嗎？女性的下體有一個洞，張開這個洞，小寶寶就從那兒出來了。」

對父母來說，讓孩子理解父親的角色就更難了；因此應該在孩子提出一些遮遮掩掩、間接性的問題時，就直接告訴他。要是孩子說：「某某同學，沒有爸爸。」「你搞錯了，這是不可能的。」「沒錯，是他跟我說的。」「他搞錯了。他不認識自己的爸爸，但是他有過一個生父（要用「生父」這個詞）。或許他爸爸已經去世了，我也不知道。但是，無論如何，如果她的母親沒有遇到這個男人的話，那他就不會出生了。我向你保證，他一定有一個生父，而且你也可以這麼跟他說。他的媽媽曾經愛上了一位先生，然後這位先生給了她一顆孩子的種子。」這時候，孩子會問：「是怎麼給的呢？」「你去問你爸爸吧。」我認為，這時候母親讓孩子去問父親總是比較好，或者是父母一起跟孩子解釋；例如母親可以這麼說明：「孩子的種子分別在男孩和女孩的生殖器官裡。一半是女人生命的種子，另一半是男人生命的種子。需要兩邊的種子一起在女人的子宮裡相遇，才能孕育出一個男孩或女孩，你的性別既不是你父親也不是我決定的。」

**給我們寫信的這位母親還說，自己不同意丈夫的觀點，她說：「我丈夫堅持孩子應該全部都要知道，甚至全部都要看到；也要教導孩子知道性生活的樂趣。但我並不贊同這種觀點。」**

樂趣，孩子早就知道了；他只是不知道跟別人在一起的性愉悅。但是，孩子早就知道生殖器官帶來的愉悅感。孩子的父親並沒有錯：要讓孩子理解，性欲會讓成年人在結合中得到愉悅感。說到孕育孩子的男人和女人，或者誰是父親誰是母親的時候，要清楚地說出「性欲」這個詞，可以這麼說：「等你長大了就會明白性欲這件事，等你遇到一個自己非常喜歡的女孩子，你會很渴望擁有她。」這樣說就行了！就像這樣解釋愛情能夠帶來身體與身體之間的性關係。應該對孩子說，性器官在孩子很小的時候就會帶給他們愉悅感，是一件很自然的事情。然而，父母不應該窺探孩子的性愉悅，也不應該激發孩子窺視父母的性行為。

**您剛才說到可以讓男孩去問自己的父親，但假如孩子沒有父親呢？**

如果孩子沒有父親，也就是說家裡沒有男人的話，而提出這個問題的又是一個小男孩時，我想母親應該對孩子說：「這個問題應該由一個男人來給你解釋，因為我不是男人，也沒有做過男孩。男孩子提出的疑問，應該由男人來解答。」可以去看家庭醫生，對他說：「我兒子問了這樣一個問題，我只能迴避，你們男人之間聊一聊吧。」這樣就可以給孩子一個解釋了。我不同意由女人來給小男孩解答。當然，如果家庭醫生是位女性，她會知道如何解釋，但最好還是由一位男性來回答。假如是一位男性來給男孩做愛情的性啓蒙的話，那這位男性不僅要跟男孩解釋愛情會伴隨著性欲，即對女孩或女性有性的欲望；不單單談到性滿足，同時也必須說明如果女方不願意的話，要尊重對方的意願。另外再補充一句：「這樣的關係與你的母親或是姊妹是不可能的。你喜歡的女孩子應該是家庭成員以外的女性。」如果小男孩問為什麼，你可以說：「等你長大了，說不定可以寫本關於這方面的書。這個問題很複雜，我也不知道怎麼回答你，這是全人類的規範。」當孩子知道自己的父母親也是遵從著同樣的原則時，他們會欣然接受的。也可以跟孩子說：「我不知道怎麼回答你，因為禁止亂倫不是一個簡單的問題。但是，人類的**法則**就是這樣，和動物是不一樣的。」在我看來，我認為「結婚」一詞應該只用在對孩子講法律見證下男人與女人的結合，而不能讓孩子隨便把這個詞用在動物的交配。大人可以告訴孩子那是動物的「交配」，也可以跟孩子解釋必須由兩性之間性的結合才能生育；然而，性的結合不一定都會生育。

**我邊聽您講邊讀了這封信，信中還說：「無論如何，我丈夫想讓孩子全都知道，甚至全都看到。」**

我想這位丈夫完全沒有意識到，對一個孩子來說，在父母的要求下親眼看著自己父母性交，會是多麼危險的一件事！如果有一天孩子不小心撞見了這種場面，那也沒辦法。但是如果大人發現孩子看見了，可以對他說：「好吧，你看到的，就是我跟你說過的！」我認為，這位先生以為孩子應該要親眼看見自己父母的性行為的想法，是錯誤的。這無疑地會給孩子留下心理創傷，因為人類的生殖建立於羞恥心、尊重對方以及成年人對孩子的恪守貞潔。尤其是成長過程中的孩子，感受能力非常強。因此，不行！不行！父母千萬不要讓孩子參與什麼亂倫的實際操作！這太變態了。

## 2 有疲累的母親嗎？

現在我來給您唸幾封持反對意見的來信……

好的，非常樂意！這種信通常都很有意思。

……是一些不贊同您論點的聽眾寫來的。

對這些反對意見，我洗耳恭聽！

一位母親批評您抽離了現實社會狀況，她說：「當您說到女性時，您忘了做母親的和她們年幼的孩子。所有的母親在孩子出生兩、三個月以後，都會忍不住叫道：『養娃餵奶，受不了啦！』」她在信裡還說到照顧幼兒簡直是災難，如果聽從您的建議，那就要與世隔絕，全天候留在家裡撫養孩子。另外，她還想問您：為什麼很少談到做父親的呢？

您看，我們沒有辦法讓所有的人都滿意。雖然這位母親有了孩子，可是在孩子還小的時候，卻沒有感受到做母親的快樂，的確有人是這樣子的。或許這樣的情況將來會越來越少，因為現在有各種避孕方式，然而以前，避孕幾乎是不可能的事情，除非以犧牲女性的健康為代價。應該對這位女士說什麼好呢？首先，她並不一定要聽我們的廣播節目；其次，社會壓力以及居住空間狹小，會讓做母親的煩躁不安。儘管如此，根據我們收到的信件來看，許多居住在狹小空間裡又焦躁的女性，仍然愛著她們的孩子，並且竭盡全力地撫養、協助孩子成長。這也是我們做節目所追求的目標。當然，我們無法改變住屋的面積，也無法改善過度操勞的母親的健康問題。不過，對於孩子……我有一個小小的想法，那就是：孩子選擇了他們的父母；他們非常清楚自己的媽媽是怎麼樣的一個人。孩子繼承了母親的遺傳特質，因此也會理解母親敏感易怒的性格。我個人認為，社會因素造成父母給予孩子愛的問題，其實是一個偽命題。我在節目裡已經談過職業婦女與孩子分開的問題，在這個問題上，重要的是母親要對孩子解釋清楚這件事情。另一方面，假如母親**能夠**留在孩子身邊，也不要把它當做是件苦差事，更不要把自己孤獨地關在家裡。相反地，可以每天都出門，常常與其他的母親以及她們的孩子在公園裡見面，並且可以帶自己的孩子去見見那些也有小孩的朋友們。我知道如果母親成天只跟孩子相處的話會難以忍受，也會覺得無聊，做母親的可以和其他的母親們組織起來，輪流看顧孩子，讓自己有幾天休息的時間。與其讓一位無法忍受整天待在家裡的母親鬱悶，倒不如讓她出去工作，付錢請一位保姆來幫助看孩子。

**我想還是要回答一下第二個問題：「您很少談到做父親的。然而，父親是可以幫忙母親，承擔起一半照顧孩子的任務。這是好事。」**

這位女士說得有道理。相對而言，這是最近才出現的做法。許多父親因為職業的關係，沒有辦法一整天照顧孩子。然而，也有一些父親是不敢照顧孩子，那就應該教會他們。一旦他們做到了，就能夠體會到前所未有極大的快樂，我認為應該由母親幫助丈夫去發現這樣的快樂。因為，如果想要盡早讓小寶寶能夠在父親懷裡，感受到和在母親懷裡一樣的安全感，那麼也應該讓父親和孩子在一起的時候，感覺到安全。

**另一位來信的母親，也表達了類似的想法：「給我們講一講『愛』吧！」首先她給我們舉了**

一個實際的例子：「當我們用一種很親暱的方式和孩子相處的時候，當我們疼愛孩子、有點寵孩子、擁抱親吻孩子的時候，很少會去問孩子是不是願意。這樣做，通常都只是為了滿足個人尋求溫情的需要。」

確實。

她接著說：「我自己都很難承認這個事實，我很懷疑自己是否連對孩子表達愛意的最基本的動作都沒有做過。有時候，我甚至覺得自己討厭他們，因為我們之間很難有親暱的動作、默契的眼神和相互的了解。」所以她請教您：「那麼，給我們講一講『愛』吧。」的確，有些父母有時候會脫口而出：「我家的孩子，有時候眞想掐死他們……」

的確是這樣。不過父母應該明白，孩子也和他們一樣。人類的愛總是矛盾的。對母親來說，抱著孩子親吻當然是一件幸福的事情……可是孩子呢，他喜歡的是什麼呢？他喜歡的是，待在母親身邊的安全感。所以，不要害怕會自相矛盾，可以對孩子說：「你知道嗎？我啊，我不愛你，我不想再見到你了。」然而，事實並非如此。所以，應該跟孩子解釋：「我是愛你的，但是你讓我很惱火，很生氣，我受不了了。」這時候孩子也會想：「啊！我也是這樣，有時候面對媽媽的時候，我也是這個樣子。」況且，孩子也會對媽媽說：「我不喜歡妳。」這種做法讓母親和孩子之間變得很人性化。這就是愛——愛不是粉紅色的糖果，也不是故作和藹的假笑。愛是彼此都自在，並且接受承擔愛的矛盾。

**所以，當我們說：「我不愛你，我不再愛你了」，也可以是一種表達愛的方式？**

是這樣沒錯。

**這封來信的另外一個問題，是關於大人對孩子親吻的問題……您曾經說過不太建議去親孩子的嘴……**

是的。尤其是孩子沒有要求這麼做的時候。這樣做會讓孩子陷入感官刺激的危險。

**這位母親信裡還說：「那俄羅斯人該怎麼辦呢？」因為大家都知道，俄羅斯的成年人都是用接吻來表達問候的。這樣做，不會給他們的孩子帶來什麼問題嗎？**

不會的。因為這是社會現象，並不是肉體上過分親熱的行為。所有社交行為，都是不帶色情的。在我們的國家，會握手問候；但是有些國家，比如在印度，握手就不合時宜，因為，握手不屬於「社交」習慣，而是一種親密的接觸。一切都取決於這種行為是在什麼地域、什麼國家發生的。在我們的社會環境裡，應該避免對兒童做一些過分親熱而帶有色情的行為，然而，如果在一個通常用接吻來表達問候的社會裡，接吻也就沒什麼了。不過，有另外的事情會牽扯到色情……就是與自己孩子的身體接觸，父母親應該要避免才行。

# 3 說不出口的問題——再談性教育

這裡有一位二十三歲的年輕女士，結婚三年，是「未來」的媽媽。這裡所說的「未來」是語詞的原義，也就是說她還沒有孩子，也還沒有懷孕……

她這麼早就開始未雨綢繆了！

她想請教您，父母是否可以在孩子面前裸體，而且不會讓孩子的心理因此受到創傷？

這樣做一定會讓孩子的心理受到創傷的。父母應該像尊重貴賓一樣去尊重他們的孩子。在貴賓面前，父母不會赤身裸體的吧！對小孩來說，父母的裸體是非常美的，深具魅力，會讓孩子自慚形穢。這樣的孩子在成長過程中，會產生自卑的情緒；甚至更糟糕的是，他們會再也看不到自己，甚至認為不再有權利擁有自己的身體。所以，父母親在家裡一直都要懂得分寸，就像成年人在海灘上也是不會完全赤身裸體的。

**另一封信問您，是否應該向三、四歲的孩子解釋為什麼父母可以接吻，但卻不和他這樣親嘴？另外一個問題則是呼應前面的問題，就是：「我們是否應該只在家裡和孩子親嘴，而盡量避免在公眾場合做這件事情？」**

不行！兩種情況都不行。假如私底下這麼做，誘惑會是更大的。我認為，其實孩子很早很早就已經明白：父母之間是有親密行為的，而孩子是沒有權利和父母擁有這種親密關係的。也正因為如此，才讓孩子是孩子，父母是成人。可以跟孩子說：「等你長大有了妻子（或丈夫）的時候，你也會這麼做的。」當然，也沒有必要特意讓孩子看到夫妻間親吻的場面。有些父母會故意上演讓孩子妒忌的戲碼；可是，這麼做完全沒有好處。因為，孩子並不是生來當偷窺者的。

**這麼說，要是一個小男孩或小女孩看到父母道別或問好時親嘴，小孩也想要這種親吻的話，是否應該拒絕孩子呢？**

應該親吻孩子的臉頰，並且對他說：「不能那樣做的。我很喜歡你；而他是我丈夫，我愛他。」或者說：「你知道的，這是我太太。做媽媽的是不能跟自己孩子親嘴的。」如果有祖父母輩在場，便可以說：「我不能像親吻你爸爸那樣去親吻我的父母親。你爸爸也一樣，他也不能跟自己的父母親嘴。」

**有位母親曾經聽您談起過打孩子屁股的問題，我只記得說到這個話題的時候，您說在公眾場合打孩子的屁股是非常不好的。**

其實，從來都不應該羞辱孩子的……

這位女性聽眾寫道：「我二十七歲，有一個六歲的兒子，我在行政部門做祕書，有時候會帶孩子去辦公室。幾個星期前，兒子在學校裡發現了一個很蠢的遊戲，那就是掀女生的裙子。」這位母親並沒有把這件事情看得很嚴重，只是試著跟孩子說不應該這麼做，這樣做不好。可是有一天，這個遊戲更變本加厲了：就在母親帶兒子到自己上班的地方時，孩子竟然在辦公室所有祕書面前，掀起一位年輕小姐的裙子，這位小姐立刻脹紅了臉，羞愧困窘。母親氣急敗壞地脫下孩子的褲子，打他屁股。這位母親說：「我以前從來沒有打過孩子的屁股，以後也不會再打他屁股了。他當場確實覺得很丟臉，可是至少他明白了。」

已經打了，就算了！

**可是，在羞辱孩子和糾正孩子之間，哪個比較重要呢？**

最重要的從來都是，要去**了解發生了什麼事**。這個孩子藉由自己的行為，直接提出了一個對女性性器官難以開口的困惑。大人沒有及時回答孩子，因此孩子才會繼續玩這個遊戲。每當孩子做出類似這樣的舉動時，表示孩子需要有一位男性或女性（也就是，自己的父親或母親）跟他解釋。告訴孩子：「你看到了，小女孩沒有像小男孩這樣的小雞雞。你還是不相信，媽媽和別的女人都沒有小雞雞，可是，事實就是這樣。你卻很驚訝：為什麼爸爸會覺得一個跟他構造不一樣的女生很好呢？可是，生命就是這樣啊。」假如我們曾經這樣回答孩子，他就不會在公共場合有這樣的舉動了。的確，我很遺憾這位母親當時的反應，因為她既生氣又尷尬，被憤怒沖昏了頭，粗暴地動手打了孩子……孩子是不會再犯了；但是，我感到遺憾的是，孩子對性別的疑問，對想要知道真相的渴望，卻在沒有說明清楚之前，被壓抑了下來。

**這位母親也很後悔。**

不過就像我剛剛說過的，打了就打了……然而要知道的是，孩子做出這樣的舉動，表示需要說明和解釋。尤其是沒有妹妹的男孩子，當他們第一次——特別是在學校——發覺到女孩子沒有男孩子的小雞雞時，就算他們親眼看到了也不願意相信。他們會有相當長的一段時間，仍然確信自己的母親以及所有的成年女性，都像男性一樣是有陰莖的。正因為如此，應該跟孩子解釋清楚。其實，孩子的這些舉動，就是在表達他們難以開口的問題。

**另一個問題是：「讓一個四歲大的小女孩現場觀看母親生孩子是否恰當？」給我們來信的這位聽眾懷孕在身，就快生產了。**

如果，這位母親是在自己家裡或者是在居住的農場裡生孩子的話，沒有必要非得把孩子隔離開來，但是，也沒有必要勉強孩子留下來觀看母親生產的過程。四歲的女兒想要進來看的話就進來，想要出去的話就讓她出去。總之，要是母親不在家裡生孩子的話，最好還是讓女兒迴避這樣的場面。因為，這樣做是有可能會給孩子帶來創傷的。我知道目前盛行讓孩子觀看母親分娩，但是我真的不認為這有什麼教育作用。對於一個小女孩來講，甚至會讓她非常失望的，因為，在此後很長的一段時間裡，女孩都得承受自己沒有能力做到這樣的程度。分娩時，讓家裡年長的孩子在場其實毫無用處，可能還會有負面影響；在不確定會不會有負面影響的情況下，最好還是讓孩子迴避。

另外，小姊姊對於即將出生的嬰兒來說，其實毫無助益。從出生開始，嬰兒需要自己父親的陪伴，同等於需要自己母親的陪伴。而對於男性和女性來說，雙方一起迎接新生命的到來是最自然不過的事了；新生兒也見證了夫妻兩人的欲望與愛情。

## 4

# 在誰面前裸體？

我們已經提過父母在自己的孩子面前裸體的問題，您也很快地做了回答，因為這個問題看起來並不是很重要……結果，我們接到了如雪崩般持反對意見的來信，尤其是有許多裸體主義者來信……

這樣的話，我們就多花一點時間來談一下這個話題吧，應該會很有意思的。

首先，有幾位裸體主義者寫道：「我們經常會帶自己的孩子去天體營。他們從來都沒有對自己的身體或者父母的身體感到羞恥。」他們認為，這是對孩子很棒的性啟蒙教育。

接下來是一位母親的來信，她也不同意您曾經說過的內容，她說：「一切都應該回歸自然。」因此，她指責您對裸體下的結論太過武斷。另外還有一些聽眾沒有聽懂您當時所說的內容。他們以為您的觀點是，父母不應該在自己的孩子面前表現出親暱的舉動。就我看來這是另外一個問題，不應該把所有的問題混為一談。

首先，我從來沒有說過「羞恥」一事。我所說的正好相反：孩子對自己父母的身體是感到非常自豪的。對孩子來說，父母的裸體永遠都是完美的；就像父母其他方面在孩子眼裡一樣都是完美的。可是，在孩子生命中的某些階段，他們是無法看到所有的事情的，比如說，當孩子還小的時候，他們是看不到那些性器官的。只有當孩子發現了性別的差異（也包括那些並不局限於性別的差異）以及各種形狀之間的差異之後，他們才會真正地開始去「看」、去觀察人體。成人要知道，一歲半到兩歲半大的孩子，對於體積和大小的差別是完全沒有概念的。當孩子意識到這些差異的時候，是非常重要的，因為就是在這個時候，「現實」開始建構。因此，對這個年齡的孩子來說，大小的差別就意味著美與不美的差異。比如說，在孩子眼裡，**大的比小的好**，因此孩子會覺得自己不如大人；然而，孩子在這個時候已經完全有能力像大人一樣組詞成句地說話了。但同時，孩子覺得自己在性徵以及身體外型方面，都還無法媲美「美好的」爸爸或「美好的」媽媽。以上就是我曾經明確說過的內容。

至於在海灘上裸露的成年人，則是屬於**社會現象**，比起孩子在世界上發現的所有事物，裸體海灘的現象並不會引起孩子過多的興趣。孩子知道自己父母的身體長得和其他所有成年人一樣，有何不可呢？可是父母的重要性顯然不同：要是孩子每天都看到自己父母赤裸的身體，會讓孩子不想再看到了。他們會在父母赤裸的身體前面放上一張——怎麼講呢？——一張想像的擋板，因為父母的裸體所呈現的成年人的美感會讓孩子受傷。然而這一點，父母是不明白的。

相反地，有些孩子從五歲半或六、七歲開始，除了自己和他們的小朋友以外，不會注意到其他任何事物。因此從這個時候起，父母可以做自己想做的事情，只要不強迫自己的孩子必須跟父母做一樣的事情就可以了。不過在青春期階段，孩子會再一次感覺到自己被放到比成人低下的位置。我見過不少有心理障礙方面問題的小女孩，都是因為她們曾經必須接受，或者已經被迫參加了第一次天體營假期所造成的。那些父母以為自己女兒的年齡「已經夠大」了，女兒自己原先也很樂意去參加這樣的假期營；可是，收假回來以後——我見過至少六個這樣的例子——父母再也不明白為什麼這些年輕的少女開始變得了無生趣，並且非常害羞。當我有機會在醫院心理治療會談見到她們的時候，她們就像把自己隱藏在現實的後面，**完全不想看到任何事物了**；就像也把自己隱藏起來了一樣。她們會說：「我啊，我好醜喔！我真的太難看了！其他的女孩子都那麼好！」然而事實上，這些女孩的身材都格外地好。這不禁引人深思。甚至令人覺得奇怪的是，越是漂亮的女孩子、越是帥氣的男孩子，他們竟然越覺得自己難看。為什麼呢？因為，如果他們所擁有的一切都被別人看見了，那麼他們個人的**價值**又該何去何從呢？青春期階段令人擔憂的事情就是，年輕的孩子會感覺到別人的目光在生吞活剝自己。

這就是為什麼，我會說父母的裸體行為對孩子來說並非沒有危險，完全不是因為我覺得這樣做不得體，而是，在孩子感官敏感度發展演變過程中，有一些階段是非常特殊的。如果是年紀差不多的孩子之間的裸體行為的話，絲毫不會產生弱勢的感覺。我說的這些，是答覆那些詢問我意見的人……對那些知道自己該怎麼做的人來說，他們繼續自己原先的做法就好了！不需要為他們操心。

**對於那些力行裸體主義的人來說，如果去天體營度假，回到家之後，就不要再在自己孩子面前赤身裸體了，這樣會不會是比較可行的方式呢？**

也可以啊！不過我想，還是應該先徵詢孩子的想法，而不要強加給他們任何事情。父母與孩子之間的矛盾，都是因為孩子在面對別人要他們做事情的時候，沒有說「不」的自由；或者是孩子原先同意了，但嘗試過後而改變主意的時候，他們的拒絕不被父母接受。

**有幾封信說到類似「回歸自然」的觀點。一位母親對我們說：「我們吃飯的時候、睡覺的時候都不需要躲躲藏藏的。那為什麼洗澡或者脫衣服的時候，卻要遮遮掩掩的呢？」另外有一些父母也覺得，赤身裸體在孩子面前走來走去，也可以是很棒的性教育啟蒙。**

我可不這麼認為。在任何情況下，裸體的父母也是不會允許孩子去觸摸他們的身體或性器官的啊！那麼到底到哪種程度才適當呢？對人類來說，沒有被啟蒙告知亂倫禁忌這件事情，是會令人極度不安的。只有建立在禁止亂倫的基礎上，才有可能建構出下面這個話題的價值——從性原欲的角度來看（也就是指一個人性能量的豐富程度），如果是男孩的話，性欲**不能**回歸到自己母親的身上；如果是女孩的話，性欲**不能**回歸到自己的父親身上。

如果要給性能量一幅畫面的話，會有點像一條河流，從源頭流出，奔向大海。假如這條河在中途停下來的話，它就會成為湖泊，從而失去了流動的活力。假如河水倒流回源頭的話，那麼源頭又將注入哪裡呢？這份「逆流的」性欲就像倒流的河水一樣不斷累積：這份累積起來的能量，便會在孩子身上形成緊張壓力。

根據每個孩子的情況，在七、八歲或九歲之前並不能領悟禁止亂倫這件事情。在這之前，孩子性興奮的時候，會想要去觸摸刺激自己興奮的事物。這時候，孩子會進入到一種性張力的狀態：表現在男孩身上的，是陰莖勃起；而在女孩身上，雖然外在看不出來，但同樣也很真實，會明確地感受到想要身體與身體接觸的欲望。

至於性教育，與性器官的形狀和外觀幾乎毫無關係。性教育其實更應該是一種敏感度的教育，這種教育開始於：禁止終生吸吮母親乳房，禁止終生被母親觸碰身體，以及禁止與母親有親密的性接觸。這位母親跟我們說：「我們可以當眾吃飯……」等等。好吧！這位母親所有的生理需求，都可以公諸在眾人面前，或是自己家人的面前，但是，我不認為她在性行為的時候，會要求自己的孩子在場……

這倒沒有。她也明確表示自己沒有暴露癖。她換衣服的時候，也不會故意叫孩子過來的。儘管如此，她還是明確地表示：「我們不會對自己的孩子，關上任何一扇門的。」就是這樣！

不過，當她的孩子想關門的時候，她應該要接受孩子關門。因為，有些七、八歲的孩子，並不想被父母看到自己裸體的樣子。這聽起來有點奇怪，卻是真的。我們也看到一些父母責備孩子：「洗臉洗澡的時候，門要開著！」然而，孩子卻想把門關上。當孩子想做某些事情的時候，只要是無害的，都應該得到尊重。然而，要是我們過分強迫孩子去做某些事情的話，最終孩子是會想要捍衛自己的，並且會因為不能反抗而難受。此外，我認為大部分渴望「回歸自然」、渴望裸體的父母，或許他們自己的父母都曾經過於刻板嚴肅。有過崇尚裸體主義父母的人都很清楚，生命中曾經有一段時期受過裸體主義的干擾：在那段時期裡，父母裸體的行為只是刺激了孩子的身體，讓孩子受到性欲反應的震動，並沒有透過孩子的敏感激發起性欲。然而，身體與情感應該並肩而行才是。到了成人年紀的時候，完全是一種自我的掌控：同時是對欲望的渴求與掌控，也是對自我行為負責的掌控。為什麼人類會羞澀地隱藏起自己對性方面的敏感呢？正是因為，人類不想隨便讓任何人都能看到自己身體的欲望表徵，從而受到他人隨意擺布。這種身體的欲望表徵，既不符合他們的感覺與感受，也不符合倫理道德或是他們的智力，進而讓他人可以從中利用。暴露自己的欲望，會讓自己在任何人面前都變得毫無戒備似地，像是在說：「你想要得到我的話，就來吧！」區分人在性方面與動物有所差異的地方，便是性欲是與愛相結合的。人類的倫理道德之所以譴責強暴罪行，正是因為它侵犯到了他人的自由，以及雙方之間沒有經由語言達到共識的欲望行為。

在伊底帕斯情結亂倫衝動的階段，在青春期階段，性衝動有可能逾越一切道德覺悟的禁錮，而在個人身上產生一些生存衝突。在這些很敏感的階段裡，面對年輕人時成年人所扮演的角色，應該是幫助年輕人去認識並掌控自己的欲望，而不應該反過來操控對性欲毫無經驗又侷促不安的年輕人。短期來看，如果成年人對年輕人在性方面不給予幫助和引導的話，會引起青少年對性的渴望，並且對性上癮。這與培育青少年走向自主以及責任感，恰恰背道而馳。從長遠來看，會導致性壓抑或者性放縱，給成年後生殖器帶來不良的後果。也會導致文化挫敗[5]，也不利人格的平衡以及自信心。

正因為如此，堅持裸體主義立場的父母，跟那些保持沉默完全不給孩子任何關於身體與性方面知識的父母，都會讓孩子在教育的過程中充滿危機。我是以預防精神官能症的名義說這些話的。

5 譯註：指無法藉由社交生活、個人適性以及職業成功等融入社會文化中。

# 5 伊底帕斯情結

我們終於要談到鼎鼎有名的「伊底帕斯情結」了。這個問題關係到所有的孩子，那就是：到底會發生什麼事情呢？我的兒子或女兒會不會有伊底帕斯情結呢？我想先從兩封信開始說起。有一位母親，六年前跟丈夫離異，她有一個六歲的兒子——他是在父母離異後一個月出生的。這位母親寫道：「我聽說過伊底帕斯情結，有人對我說孩子身邊要有父親才能夠克服這個問題。可是我兒子從來沒有見過他的父親，怎樣能幫助他去解決這個問題呢？」我要加上一句「可能會出現的（問題）」，因為並不確定這個孩子會有什麼問題。

這位母親完全沒有講到男孩的行為舉止，像是對母親有沒有佔有欲，或者嫉妒心？這位母親是否不跟別人來往？……

她正好說得很清楚：自己二十八歲，住在父母家，從來都不怎麼出門社交，也沒有戀愛的對象。在您回答之前，我先讀一下另外一封信。這封信來自一位母親，她有兩個孩子，分別是四歲的女兒和一歲的兒子。然而，自從兒子出生以後，女兒就一直跟家人唱反調，特別是跟父親作對；和母親在一起的時候，會表現得很挑剔、很蠻橫。她常常獨占弟弟，對弟弟也有點保護過度。在學校，她表現得很開心也很用功。可是在家裡的時候，就會讓人覺得她在發洩情緒。這位母親寫道：「可是，如果『伊底帕斯情結』是像別人跟我說的那樣，對一個小女孩來說，應該是依戀父親，嫉妒母親才對啊。我女兒的情況會不會不屬於伊底帕斯情結呢？」

看起來這個小女孩正好就處在伊底帕斯情結裡，也就是說她非常妒忌父親給了母親一個孩子，而不是給她。因此，就像這位母親說的，她獨占弟弟，就是為了讓自己看上去才是這個寶寶的母親。她把嬰兒抱在懷裡扮演母親的角色，因為她覺得自己是那麼地愛父親，而父親卻沒有給她成為母親的快樂，這是很不公平的！

所以，我們請這位母親放心，她女兒的情況是符合伊底帕斯情結的。再讓我們回到前一封信……

這位母親住在自己父母家，聽起來似乎從孩子出生的那一刻起，她就停止了自我的成長。她在父母家全心撫養孩子，從信裡看來好像有一位男性，也就是孩子的外公；既然有外公在，孩子就可以把男孩的身分認同投射在外公身上讓自己成長。說不定這個男孩很有佔有欲，或是因為他住在母親的父母家裡，也可能會把自己的母親看作大姊。對這一點，我不予置評。另外，信裡這位母親沒提到兒子是否有什麼問題。儘管如此，這個孩子應該是從他父親的姓，因為信裡說這位母親跟孩子的父親曾經結過婚。因此，孩子是知道自己有父親的；然而，某種程度上來看，是外公接替了父親的角色。

這個男孩的情況很複雜。總之，他一定是有自己對男孩身分的認同。至於孩子的母親，一定也有自己的女性身分認同；不過我不確定，目前她是否還有做為女人身分的自由與認同。或許，有一天當這位母親允許自己過著屬於女性生活的時候，她的孩子會對另一位男性表現出妒忌，因為這位男性對自己母親的權利，超過了父親以及男孩本身。總之，讓孩子進入伊底帕斯情結的元素，信中的男孩肯定在自己外公身上找到了。也就是說在這段關係裡，孩子會在這個成年人身上看到，最終自我形象的完成以及成人養成的榜樣。不過目前看來，男孩可能還在裹足不前，對性特徵則處在「無知」的階段。

**當孩子表現出伊底帕斯情結的時候，父母親應該如何應對呢？**

那要看父母自己的意願。首先要知道，這是正常的狀況。告訴孩子：「等你長大以後，你想做什麼就做什麼。現在，你還不能擁有一個屬於自己的女人（如果面對的是男孩的話），或是屬於妳的男人（如果面對的是女孩的話）。你很想馬上成為大人，很想做跟大人一樣的事。可能也像許多小男孩、小女孩一樣，你很想成為自己母親的丈夫（或者自己父親的妻子）。這在現實中是不可能實現的。人生就是這樣。」

**再說一次，不要遲疑，要跟孩子溝通。**

當然。然後可以對男孩說，當他父親小的時候，也受過跟自己一樣的痛苦。當母親小的時候，跟自己的女兒一樣，也曾經為了同樣的禁忌感到痛苦。

伊底帕斯情結現在已經進入了公眾的領域，關於這點大家也提出了許許多多的問題。然而，這個情況一直都是存在的；早在我們開始談論它的時候，就已經存在了。尤其是那些擔心的人，卻不明白這種心理情結表現出來的方式，會不同於他們原先所預料的。比如說，有一個三個孩子的家庭（其中有兩個哥哥），母親連續兩、三個晚上都和父親出門，這時候男孩們就會去問母親：「為什麼你總是和他出去，可是從來不跟我們一起出去？」「我們」指的就是這個男孩特攻隊。一下子母親有點困惑了：「可是，他是我丈夫，我當然有權利跟他出去啊！」其中一個孩子接著說：「可是我們也一樣啊，我們也想當你的丈夫。」當下，母親不知道該怎樣回答才好。這時候，另一個男孩搶白第一個說話的男孩：「你要知道，他是負責生小孩的丈夫；而我們呢，我們就只是丈夫而已！」於是母親下結論道：「他說得對，就是這樣。」於是，孩子們都閉嘴了，儘管，他們還是會因為母親已經有了一個丈夫而有點失望。

另外，還有一種伊底帕斯情結的表現方式是：男孩愛自己的父親，想要變得和父親一樣，希望父親總是對的；而同時，男孩也愛自己的母親，希望母親跟自己能有更親暱的關係……孩子可能會說：「妳知道的，他（父親）今晚可能不回來吃飯。要是他今晚不回來，或者很晚才回來的話，我可以在他回來之前坐他的位子嗎？因為實在不需要留著這個空位子呀。」當然囉，聽到男孩說出類似的提議時，母親要有些警覺心，這是個考驗。母親要回答：「這個位置從來都不是空著的啊，無論你父親在不在家，這個位置就是你父親的。就算他缺席了，他還是在這裡的，我會想著他的。」如果以父親不在為藉口，母親任由兒子把父親的位子佔據了，這可是非常糟糕的。這樣的做法，會讓孩子在想像中以為自己有成為母親丈夫的權利。

要是同樣的情形發生在床上的話，那就更糟糕了。只是因為母親喜歡床鋪暖和點，就藉口說：「有什麼大不了的呢？既然我丈夫不在家，那就讓兒子到被窩裡來吧！」這對孩子來說，是很糟糕的。

你們明白了吧，伊底帕斯情結就像這樣發生在我們的日常生活裡。做母親的要當心！母親永遠都不要放鬆原則：不要讓兒子或女兒在不知不覺中把屬於丈夫，同時也屬於父親的特權拿走了。因為這些小小的特權對孩子而言，在他們的想像中，就像他們從母親那裡（沉默等於同意）得到了可以妄想替代父親的權利。這會讓孩子產生罪惡感，也會在他們的成長過程中造成阻礙。這種情況如果發生在女孩身上，也是一樣的。我記得有個小女孩，當時才三歲，完全處在狂熱愛慕父親的階段。有一天早上，父親愉快大聲地和小女孩說再見，她送父親出門後，緊接著，急忙跑去依偎在母親身邊說：「喔，爸爸，我討厭他！」母親很驚訝問道：「啊？怎麼會呢？妳為什麼會討厭他呢？」靜默了一下子以後，小女孩蜷縮在母親身旁，用一種絕望的口氣說：「因為，他太好了！」

還有另一種類型的問題是這樣的：「怎麼讓一個充滿活力、渴望學習的五歲小男孩明白，有時候一整天裡，他還是需要閉上嘴巴幾分鐘，讓大人能夠說說話的？這個小男孩非常聰明，也很敏

**感，不過他實在是話太多了！即使他在場的時候，我還是想保有可以跟丈夫說說話或聽收音機的權利，不希望總是被他打斷。您有什麼看法呢？」**

這個孩子在試著保有自己對母親佔有欲的愛以及嫉妒，他想獨佔母親。他有可能是獨生子，或者跟家裡另外的孩子年齡差距很大。

**他有一個十個月大的小弟弟，所以還很小……**

正是因為這樣。老大長時間以來，曾經是家裡唯一的孩子。弟弟太小，還不能成為他講話的對象，所以，他想讓自己跟成年人或者跟父親一樣。這個孩子目前正處在伊底帕斯情結階段，他想讓母親只屬於他一個人的，限制母親與丈夫說話。不過，不應該是由母親來回拒孩子，而是應該讓父親跟他說：「現在我想跟你媽媽說話。你該閉嘴了；如果你不想聽我們說話，就走開吧。」如果父親真的很想跟自己的太太說說話，而這個聒噪的小子又來插嘴的情形下，父親可以很和善地給孩子一顆口香糖，或是一顆焦糖糖果。孩子會吃糖的，然後父親可以對他說：「你看，並不會因為我們兩個說話，你就被忽略了。你得慢慢習慣才好……」這件事情，應當以幽默的方式來處理。顯然，這個孩子在捍衛自己做為大兒子的地位。也許這位父親有空的時候沒有花足夠的時間照顧兒子，也沒有積極地鼓勵他成為大哥。當還不會說話的弟弟在家裡，開始佔有重要的地位，再加上一個在各方面都戰無不勝的父親做為自己的對手，第一個孩子肯定會感覺很不舒服的。因此，這個孩子才會想：媽媽是我的！我一個人的！我要她！

有伊底帕斯情結的孩子是痛苦的，值得同情。他需要從父母那裡得到純潔的愛，也需要聽到關於近親之間禁止有欲望的真切話語：在生育者與被養育者之間，以及同一個家庭兄弟姊妹之間，都是一樣的道理。父母應該克制自己，不要去戲弄嘲笑孩子，也不要過分責備孩子，還要從自己的角度去克制對孩子曖昧的愛，避免以愛撫的名義做出煽動慾火、含糊不清的親暱舉動。要避免那些讓孩子期待在亂倫欲望中，能夠得勝的「趣味對抗競賽」。這一切都只會延遲孩子在性心理方面的成長。

假如孩子在七歲、最遲到九歲之間，沒有被清楚地告知並且接受禁止亂倫的概念，那麼伊底帕斯情結所引起的矛盾會在青春期時重新被喚醒，並讓青少年時期的問題變得更嚴重。這不僅對年輕人而言很嚴重，對父母也是很嚴重的問題。甚至連家裡年齡更小的孩子，也會受到影響；因為在他們眼中，老大總是那個給家裡製造事端、導致父母不和的人。父母要是掉進了長子（或長女）的戀母（或戀父）情結陷阱裡的話，家庭會遭受到極大的痛苦！如果從七、八歲起，父母中任何一方把自己最喜歡的孩子留在身邊，不讓孩子去結交家庭以外的朋友，那麼孩子就沒有機會及時切斷自己與父母其中一員，或是與兄弟姊妹之間（無論同性還是異性）無意識出現的那些愛慕情愫。等家裡年長的孩子到了青春期的時候，不是會出現青少年犯罪或父母離異的情況，就是會在暴力或抑鬱中崩潰。這個沒有對或錯……這就是沒有及時阻止亂倫的欲望及其陷阱所帶來的後果。這時候，父母不要遲疑，馬上帶孩子去諮詢精神分析師做心理治療。幸運的是，這樣的治療會很有效的。

第3部

# 嫉妒VS競爭

# 1 人類從很小開始，就什麼都知道
## ——當弟弟妹妹出現

**讓我們來聊聊下面這個話題：一個已經有三、四歲小男孩或小女孩的家庭，又要迎接一個新生命到來的時候，父母是否應該早早就告訴孩子們這件事情？並且向他們解釋母親懷孕的事呢？**

父母應該向年齡較長的孩子們解釋，告訴他們小寶寶將要來臨，但還不知道是男孩或是女孩，這是為了讓孩子明白為什麼母親要準備搖籃。無論母親做什麼都受到家裡年長孩子們反對的時候，千萬不要太驚訝。例如，母親正在準備搖籃，孩子卻故意朝搖籃踢了一腳……媽媽絕對不要說他是個壞孩子！孩子這麼做，其實是因為發現眼前有一個奇怪的東西。大人在準備著迎接嬰兒的到來——然而對孩子來說，做小寶寶其實不如做大孩子來得好。

有時候媽媽會說：「我們去買個小寶寶吧。」這麼說實在太藐視人了，因為每個人都很清楚自己曾經是嬰兒。潛意識中，人類從很小開始就什麼都知道了；孩子的潛意識「智能」其實和大人是一樣的。因此，每當我們有機會跟孩子說到關於生命的事情時，都應該實話實說。

不過，家裡年長的孩子在面對寶寶即將出生這件事情時，可能會說：「為什麼？我才不想要小寶寶呢！」這時候父母可以回答：「這個寶寶又不是**給你**的！」儘管如此，還是有許多家庭的父母會對年長的孩子宣布：「媽媽要給你生一個小弟弟或者小妹妹。」然而這樣一來，年長的孩子自然就會期待是個與自己年紀相仿的同學，因為他認識自己同學中的兄弟姊妹。於是他會希望：「小寶寶馬上就生出來！」這時候，可以給孩子看照片說：「看看你小時候的樣子！小寶寶出生以後，也會是這個樣子。」要是孩子提前決定說：「噢！如果小寶寶是男的，我可不想要。」或者：「如果是個女的，我不要。」這時候父母可以回答他：「你要知道，小寶寶不一定需要你去愛他（她），他（她）和你一樣也有自己的爸爸媽媽。」當父母對孩子說，他可以不需要去愛自己的小弟弟或小妹妹的時候，這個孩子會最愛他的小弟弟或小妹妹。道理很簡單，因為天性使然。所以，當一個孩子說他不喜歡自己的小弟弟或小妹妹的時候，只不過是為了對母親說點蠢話，試圖跟她唱反調；就像一般所說的，只是為了讓母親火冒三丈。

**您剛才說到踢搖籃的事情，這不算什麼；但是我知道，有時候情況好像會變得很嚴重。尤其是我聽說過一個例子，一個四、五歲的男孩狠狠地咬傷了一個嬰兒。這種事情常見嗎？**

算很常見。這時候非常需要母親冷靜處理，尤其是不要激烈地責備年長的孩子，因為實際上他對自己的行為已經覺得很羞愧了。這時候母親應該把這個年長的孩子帶到一邊對他說：「你看，你有多強壯。但是你的小弟弟（或小妹妹）卻很弱小，就像你小時候一樣。現在他（她）知道自己有一個哥哥，而且他（她）會很信任你。但是你知道自己不應該去咬他（她）的啊！這樣做是沒有用的，你又不能吃掉他（她）！」要知道，當小孩子發現了好東西的時候，他們總是會試著嚐一嚐，試著吃吃看的。對孩子來說，「同類相食」並非很遙遠的事情。更何況，他們常常看到嬰兒吃媽媽的奶；對他們來說，吸奶的嬰兒跟食人族是一樣的，孩子對這種奇怪的情形是完全無法了解的。當母親明白孩子的行為並非只是惡意，主要是一種焦慮的表現時，事情很快就會迎刃而解了。

**但是，當一些嫉妒的反應甚至排擠的行為（比如踢搖籃、咬人等）繼續出現的話，情況是不是會變得嚴重起來呢？我們又應該怎麼做呢？**

首先是，假如父母焦慮的話，事情就會變得嚴重；其次是，如果孩子受到冷落而感到非常痛苦的話，情況也會變得嚴重起來。實際上，孩子未必真的被冷落了，可能只是沒有得到應有的陪伴。而我們應該怎麼去幫助一個受嫉妒煎熬的孩子呢？這時候最好是由父親出面；也可以是阿姨姑媽、或者是祖母外祖母……出面協助。不過，如果是男孩的話，應該由一位男性來幫助他。比如說，星期天父親可以對男孩說：「走，我們男人……」而讓母親能夠陪伴嬰兒，並說：「她只想著寶寶。」父親也可以說一些話，像是：「你是個大孩子了，跟我一起來。」這樣，父親提升了年長孩子的價值，讓他不會因為妒忌而產生某些行為，像是重新開始尿床，只肯吃乳製食品，一點小事就嘟囔或是不肯自己走路等等。這些行為到底是怎麼回事啊？是孩子的自我認同出現了問題：因為孩子總是試圖模仿自己欣賞佩服的人，於是，他也會去欣賞爸爸媽媽欣賞的對象。因此，假如大人欣賞的是嬰兒，那就難辦了：父母應該幫助年長的孩子成長，讓同齡的朋友邀他去玩，而不是讓孩子一直待在搖籃周圍，跟母親以及小寶寶綁在一起。

**現在我們假設，一個家庭已經有幾個孩子年齡比我們上面說到的孩子來得大一點，比方說五、六歲或者九歲的孩子。在小寶寶出生後，這些大一點的孩子雖然沒有出現排擠的行為，但是有時候他們也會做出一些令人驚訝的舉動。**

孩子從五、六歲開始，會想要獨佔嬰兒，他希望自己能夠比媽媽或爸爸更會照顧小寶寶。這要非常小心，因為孩子有可能會改變自己的宿命——不管是男孩還是女孩，他們本來應該與同儕一起成長的；然而，卻因此變成了名符其實的「小媽媽」或者「小爸爸」。無論對年長的孩子還是對小寶寶來說，都是非常不好的。因為這樣會讓小寶寶以為自己的媽媽，有兩張不同的臉和兩個不同的聲音。父母親應該盡可能地把每個孩子當作獨生子女看待，因為無論就年紀或者需求而言，每個孩子都是**獨一無二**的。至於其他的兄姊，當然可以幫助或合作配合照顧嬰兒，不過，這不應該是強加在他們身上的義務。最理想的方式是：如果他們真的想要照顧嬰兒，母親可以說：「好吧！今天我可以讓你來照顧小寶寶。」但是，這不能變成母親不好好照顧嬰兒的藉口，而認為：「既然有大孩子在照顧，我就不用管小寶寶了。」這對嬰兒來說是非常糟糕的！

我也藉這個機會告訴大家，在我看來，讓哥哥姊姊當自己弟弟妹妹的教父或教母是不恰當的。孩子無法理解什麼是「信仰的連結」；因為，對他們來說，這是一種「權威的連結」。這很糟糕，有兩個原因：第一是，最好選擇成年人來當孩子的教父教母，因為萬一母親或父親無法履行照顧孩子的責任時，成年的教父教母可以真正幫助到孩子。另外一個原因是，我認為讓自家以外的人來當孩子的教父教母會更恰當。也最好不要讓（外）祖父母來當孩子的教父教母。我知道有這樣的傳統；但是，算了不提也罷。

2

# 怎樣才是公平？——煩躁與任性

一位母親告訴我們，自從第一個寶寶出生以後，她就深信必須傾聽、理解以及對話。然而，她還是寫道：「生活實在不容易。日常生活裡會疲憊，會煩躁，有的時候在孩子面前，我覺得都快要沒辦法自我控制了。」她想請教的是：「您認為所有的母親都會出現情緒失控的時候嗎？這對孩子有害嗎？」

這主要還是跟母親的個性有關：母親不可能因為有了孩子，就改變自己的個性。有時候如果孩子讓母親生氣了，母親應該對孩子說：「你看吧，今天我發火了！」聽到這樣的話，孩子是會理解的，因為孩子很快就能直覺感受到發生了什麼事情。等到母親氣消了以後，應該對孩子說：「你看，我剛才發火了。」尤其應該避免的是，母親千萬不要在生氣之後，為了抹除剛才糟糕的狀況，就去親吻擁抱孩子；而是應該用更溫和的語氣跟孩子說話，然後兩人一起一笑置之。無論如何，母親不應該因為自己的暴躁，而全然去責怪孩子一個人。暴怒後親吻孩子是沒有用的；因為孩子不會理解母親突然粗暴後，隨之而來的擁吻。這時侯，最得當的做法終究還是以說話溝通，因為無論是生氣地抓緊孩子或者是親熱地抱緊孩子都太過於動物化了，而比較不近人性。

**剛才那位母親的另一個問題是：「要是母親剛做錯了事，卻願意讓孩子看到自己做錯了，您認為她在孩子眼中的形象會不會變得偉大起來呢？」這位母親想知道孩子又會如何評價她呢？**

原則上，對孩子來說，自己母親做的都是正確的。不過，做母親也不要驚訝，兩、三歲的孩子會有發脾氣的時候，或者會說出令人不愉快的話。這時候，母親可以笑著對孩子說：「哎呀！你怎麼和我一樣，動不動就發火嘛！」

**所以您認為，大人在孩子面前承認自己突然發火是沒有錯的？**

對，這沒有錯。但是大人不應該對孩子說：「我錯了。」而是應該說：「我剛才生氣了。」這位母親可以再說一句：「對不起。」其實孩子總是願意原諒自己父母的。

關於這個問題，我這裡有個既幽默又讓人印象深刻的案例。一位女士給您來信寫道：「我有一個兒子，今年十三歲。在他五、六歲的時候，有一次當我正在糾正責罵他犯錯的時候，他竟然放聲大笑起來，實在讓我氣到了極點，真想殺了他。一段時間之後，我讓自己冷靜了下來。我們坐在床上，我問他剛才為什麼大笑，他對我說：『媽媽，如果妳可以看到自己生氣的樣子，妳一定會是第一個笑出來的……』其實，我想我們生氣的時候一定都不怎麼好看。現在，孩子已經十三歲了，每當我想懲罰他的時候，就會跟他說：『跟我來，應該是去照照鏡子的時候了！』接著，自然就不生氣了，我們會一起大笑起來……」

他們母子能夠在關係緊張的時候增加點幽默感，真是太好了。

總而言之，這個孩子幫助母親克服了憤怒。

另外一封來信與您之前解說過的事情正好有點相反，問題是：「怎麼去回應一個會妒忌兄姊的弟弟（或妹妹）呢？……我有三個孩子，兩個女兒分別是十二歲和九歲，還有一個三歲的兒子。可是，無論姊姊做什麼、說什麼或者得到什麼，這位九歲的女兒總是妒忌姊姊。我向您們保證，為了做到公平公正，一切能做的我都做了。可是這個孩子從來沒有滿意過，她超級敏感，只要有一點點不順心，都可以演變成一場又哭又叫又生氣的災難。可是她偏偏認為我們都不夠愛她，而且還要離家出走。她非常獨立，讓她乖乖聽話簡直太難了。應該怎麼辦呢？」

可以肯定的是，這個小女孩正在一個困難的處境裡。她是家裡的老二，和姊姊一樣是個女孩；所以，她總是渴望能跟姊姊並駕齊驅。弟弟出生以後——家裡的第一個男孩——弟弟的出生對父母來說，就像另一次全新的體驗。然而因為她和姊姊性別相同，因此對父母來講，等於重演了已經熟知的情況。我想，主要是從弟弟出生以後開始，這個女孩的嫉妒心才變得讓自己痛苦。雖然母親想盡辦法希望做到公平，其實正好錯了——**對孩子來講，是沒有「公正」可言的。在孩子眼中，只要他沒有一切，都是不公平的**。母親要是這麼說就會好很多：「是啊，你說得對，我不公平，我就是很不公平。或許妳在這個家裡真的不快樂！」母親要單獨和二女兒談一談，不要當著姊姊或是弟弟的面。也許父親可以和母親一起跟這個孩子談一談，可以對她說：「如果妳真的很不開心……我們去和妳父親商量看看，能不能花點錢送妳去寄宿學校。對我們來說，這是一大筆開銷，不過，要是妳在那裡能夠真正開心的話……我們會考慮的……」母親不用努力希望做到公平，因為世界本來就不公平。我們也可以給孩子講講另外的例子，像是：「妳知道，有的地方總是陽光燦爛，有的地方總是陰雨綿綿，也許妳就是想去『別的地方』吧，因為妳不開心。」尤其是，應該特別指出她和姊姊不同的地方。只有凸顯孩子之間的不同，才能幫助孩子認清自己，而不是把自己同化成另外一個人。當然也要指出孩子的優點，比如說，要買裙子或絲帶等小東西的時候，母親可以分別小聲地問每個孩子，別讓姊姊或妹妹彼此聽到，去問她們各自喜歡什麼顏色……鼓勵每個孩子去想一想自己的喜好，然後再告訴母親自己的選擇。否則，老二總會認為老大選的就是對的，或者是老大選的總是比較好。這個女孩依賴性太強了，才會因為嫉妒而受折磨；她只不過是**裝作**很獨立，但事實並非如此。依賴性和嫉妒心一樣，都是來自一種自我價值不足的（假想）感覺。母親的職責，就是讓每個孩子意識到個人的價值；因為，妒忌另一個自己永遠無法模仿的對象，總是痛苦的。

**這種情況在孩子身上很常見嗎？**

是的。不過，我們剛剛提到的情況，特別是因為孩子能夠感覺到自己的嫉妒行為讓母親難過。上面提到的這位母親把嫉妒心看作是缺點，但其實嫉妒並不是缺點。嫉妒是孩子需要從母親那裡獲得同情與寵愛的一種痛苦心情。這是家裡有年齡相仿的孩子在成長過程中，很正常而且不可避免的一個階段。

## 這種情況算嚴重嗎？

我不知道這到底算不算嚴重，不過我認為不嚴重。嚴重與否應該取決於母親對女兒的痛苦感同身受的程度。如果母親能夠幫助孩子說出自己的痛苦，那麼孩子就會覺得自己被了解了。但是，我要再重申一次，不要當著這個女孩的兄弟姊妹面前跟她談這件事情……我幾乎確定這是姊姊對妹妹妒忌而產生的結果。

我的建議是，不要試著「做到公平」，只要坦率地告訴二女兒：姊姊可能嫉妒她。以這樣的方式來幫助她，要不然，孩子會不知道自己在嫉恨什麼。

有位太太跟我們說：「我有一個五歲的小女孩，有時候她的行為讓我不知所措。每當我要她做什麼，或者拒絕她什麼事情的時候，她就會打我，或者假裝打我，這時候我應該用什麼樣的態度去面對她呢？當然啦，這種情況只會出現在她心情不好的時候。」這位太太還補充說：自己已經

**「試過了所有的辦法」：像是表現出冷漠、嘲諷、暴怒……**

您覺得，這位來信的聽眾是一位（外）祖母，還是一位母親呢？

**這也正是我要問的問題……**

好吧，我們假設來信的是孩子的母親。她說的這種情況，是發生在只有她們母女倆在一起的時候？或是還有其他人在場的時候呢？

**她沒有提到。**

我們繼續。她說：「所有的辦法都試過了：表現出冷漠、暴怒……」還有另一個是什麼？

**嘲諷。**

嘲諷……我想她們其實是掉進了一場角力遊戲裡：誰才是那個給對方下命令的人呢？這個

小女孩應該很聰明，因為假裝打人跟真的打人可不是同一回事呢。假裝打人就像在說：「注意了！注意了！是我在發號司令，不是妳！」而當她真的打人的時候，也許是因為她生氣了。我認為，當孩子真的打人的時候，母親應該對孩子說：「聽著，我說的話也許妳不愛聽，但是我已經盡力了。如果妳不高興，就別來找我；妳就待在自己的房間裡好了。但是，如果妳來找我，我就會跟妳說我是怎麼想的。」我認為，母親應該和這個孩子談一談，而不是假裝和她生氣或者惱怒什麼的。也可以和她一起玩笑地說：「哎呀，妳的手想打我耶？那妳呢？妳也想打我嗎？」因為，孩子有些手和腳的動作反應是自己完全不能控制的。雖然這聽起來有點奇怪，不過可以跟孩子說：「哎呀，這隻手，為什麼想打我呀？是因為我說了什麼讓妳不高興的話嗎？可是，妳也一樣啊，有的時候妳也會說一些讓我不高興的話，我有打人嗎？」如果她有泰迪熊的話，也可以說：「好吧！妳打我的那幾下，我就回打在妳的泰迪熊身上好了。」這樣的話，泰迪熊會怎麼說呢？」要有辦法讓這些都在遊戲的狀態下進行。我覺得，其實這個小女孩主要是想讓（外）祖母，或媽媽來陪她玩，而且只專注在她一個人身上。只可惜，我們不知道這種情況是在有其他人在場的狀況下發生的，或者是她們兩人私底下親密的遊戲。

**我覺得這種情況好像也會在公共場合發生。因為這位來信的母親（或「外」祖母）還寫道：「根據不同的情況，我已經嘗試過各種辦法了。」因此，或者她已經徵詢過了周圍其他人的建議，或**

者是這種情況已經在別人面前發生過了。這就帶出另外一個問題：來信者沒有對我們說，自己是否有經常打這個女孩的習慣，或是孩子小的時候，是不是曾經被保姆打過。

孩子深受大人的潛移默化，尤其是當他們還小的時候。這個小女孩覺得使用（或借用）大人的語言表達方式很厲害，總是能夠把人搞得一愣一楞的。經常會聽到一些父母在孩子小的時候，粗魯地對他們說：「閉嘴！不要碰這個東西！」之類的話。可是，當孩子開始覺得自己像個小大人而以同樣的方式表達的時候，父母卻會十分震驚。

**如果是打屁股呢？**

那要看情況。

**一般來說，您是怎麼看關於希望恢復打屁股的這種態度呢？**

有些母親小時候偶爾也會被打屁股，她們發覺這種方式挺好的。因此她們想，為什麼不可以打自己孩子的屁股呢？於是，她們就依樣畫葫蘆，遵循長輩曾經對她們的做法。有些孩子對這點很敏感，如果大人偶爾不打他兩下屁股，他會覺得大人是不是不愛他了。不過也要看母親的作風，我們絕對不能說這樣做是好還是壞。打屁股這件事，是要看整體情況而定的。

**但是，這不會讓您反感嗎？**

不會。我認為，應該盡可能地避免一切會讓孩子感到羞辱的事情。無論如何絕對不該羞辱孩子。不管是嘲笑還是鬥氣，都是有殺傷力的。打孩子屁股，雖然當下可以讓大人冷靜下來，偶爾也可以讓孩子安靜下來，但是久而久之，還是會給孩子帶來傷害的（而教育的目的，肯定是長遠的）。總之，父親或母親要是想用打屁股來懲罰自己孩子的話，千萬不要在公共場合這麼做！而是應該把孩子單獨帶到孩子的房間裡，再責備他。假如媽媽已經怒不可遏了……該怎麼辦呢？總不能阻止她生氣吧。但這也不表示她就是個不稱職的母親。其實，有些從來不動孩子一根汗毛的母親，她們對待孩子的言行態度比打孩子屁股更傷人、甚至更殘暴。

要知道，這是父母無能的表現，正如這封來信裡敘述的案例一樣，是父母**自我控制**不足的表現，也是成年人給孩子樹立下的壞榜樣。如果一個成年人對自己的孩子說話粗暴，行為舉止兇惡，任由自己壞脾氣發作的話，就不要感到意外在幾個月或幾年後，看到自己的孩子對比他脆弱的小孩表現得像自己當初一樣蠻橫。我再強調一次，在所有小孩的眼中，大人的所做所為都會被盲目地當作是「對的」——無論是在成年人還是其他的小孩面前，孩子遲早都會去仿效大人的行為。

總而言之，說到打屁股，當大人無法**自我控制**而忍不住打孩子屁股的時候，千萬不要給自己找個隨便的藉口，以為打屁股是為了教育孩子：因為這是錯誤的。而且，絕對不應該定時地上演一次，像是對孩子說：「今天晚上或星期六，我要打『你』屁股。」因為這樣的話，就是一種令大人得到快感而病態的作風，也有可能會讓孩子變態，對雙方都是羞辱，是反教育的。如果孩子畏懼大人，會讓孩子很快失去對大人的尊重，從而判斷大人就是一個軟弱的人，一個無法控制自己行為的人，甚至更糟的是，一個冷酷的虐待狂。

# 3 哥哥用腦，弟弟用腳——兄弟之間的相處

我們來講一個幾乎關係到所有家庭的問題，就是兄弟姊妹之間的相處，以及有些搗蛋鬼和父母之間的關係。第一封給您提出這個問題的是一位母親，她有兩個孩子，一個七歲半，一個四歲，都是男孩。她說：「哥哥好像只動腦，弟弟只動腳。我聽了不少您們的節目，您曾經說過：一個孩子面對弟弟的時候，如果沒有嫉妒心的話，幾乎是不正常的。可是，我七歲半的兒子卻從來沒有表現過嫉妒。這個孩子看起來比他的實際年齡成熟許多。」這位母親提出的問題是：怎樣才能曉得到什麼程度，大人對孩子說話時所用的成年人語言，對孩子來說變得太複雜了呢？

當我說到「嫉妒」的時候，我是把它定位在十八個月到五歲這個年齡階段的孩子。而信裡

提到的這個孩子在弟弟出生的時候，正好差不多五歲。我說過，年長的孩子身上出現的嫉妒問題，是來自於他在兩種可能性之間猶豫不決：既然全家人的愛與關注都集中在弟弟身上，那麼是否要讓自己裝成小寶寶會更有價值呢？也就是說退回到過去，重新拾起小時候的習慣，或者是反過來，讓自己長大，把自己當成大人？看來，這個哥哥選擇了第二種方式。看著弟弟，他有些抗拒這樣的退化行為，隱隱擔憂自己會變得更幼稚。同時，因為他已經開始上學了，也接觸到與自己同齡的孩子，所以可以把自己看作和父親或是年紀大一些的男孩子一樣。雖然這是他的選擇，可是或許有些做過頭了。根據這位母親描述，他的行為舉止、說話都像個小大人一樣。好吧！因此當這兩個孩子在一起的時候，或許讓人覺得他們倆之間有很大的差別。這位哥哥正是用這樣的方式來表現自己的嫉妒——是用一種迂迴的方式，裝出一副大人的樣子，但實際上他還沒到那個年紀。他這麼做，是為了讓自己不會與弟弟混淆；因為弟弟還太小，無法裝作大人。我認為，也不必擔心這個哥哥是不是太乖了，會不會有點太過壓抑，沒辦法放得開。一有機會，母親應該想辦法邀請一些跟哥哥同年紀，或者年紀稍長的小朋友來玩，並且也為弟弟找些年紀在一歲半到三歲間的小朋友來玩。孩子不要只跟自己同年紀的孩子玩在一起，也要跟比自己年紀小一點或者大一點的孩子一起玩，這樣對他們會更有好處。

**那麼關於信裡提到的另外一部分的問題呢……**

是跟這個孩子說話像跟大人說話一樣的那部分嗎？

**「如何才能知道孩子不明白大人的解釋呢？」七歲半的孩子，實在不太大啊……**

我認為，七歲半的孩子，已經能夠明白所有的解釋了。唯一可能出現的危機是：孩子只顧著說話，卻絲毫不再運用自己的雙手和身體，讓自己掉入了語言的陷阱裡，進而忽略了自己這個年齡該有的感情、感覺和欲望。假如他覺察不到自己是有雙手、雙臂還有雙腿的話，他就會和自己的同學們隔絕。信裡這位母親也提到：「弟弟好像只會動腦。」所以應該讓哥哥去踢足球、做運動，或讓爸爸帶著去游泳。顯然，當一個孩子只想著跟大人說話作伴，而完全脫離自己同齡的孩子，不顧屬於這個年紀的遊戲和興趣，故作大人的時候，是很危險的。

另一封信提出的問題是，應該採取怎樣的態度來處理十四歲、十二歲以及八歲孩子之間常常打架的情形？他們一天到晚打架，讓母親快要神經崩潰了。父親分析這件事情得出的結論是，孩子這麼做是為了故意氣母親。問題是：「孩子真的會這樣頑劣變態，以故意氣母親為樂嗎？」

不是，這不是變態行為，這些孩子也不是變態。然而，「一拉繩，鈴就響」的反應，實在是太有趣了！孩子就把大人當成木偶一樣地操控著，我覺得這位母親好像成了孩子們的木偶。我敢肯定，當孩子們爭吵的時候，如果這位母親決定關上自己的房門——當然前提是要有兩個房間——用棉花塞住耳朵，然後什麼都不管，只說：「聽著！要是打到斷手斷腳，我會帶你們去醫院的，否則我不想再管你們了！」這樣的話，情況自然會平息下來。另外可能的話，母親也可以出門走一走。她不在的這段時間內，一切都會平靜下來，至少情況不會變得更嚴重，而且她自己也會感覺好過些。做母親的，千萬不要攪進孩子們的混戰中。和三個男孩子相處是很困難的，我認為比較理想的做法是讓大兒子盡可能走出家庭，去跟自己同齡的大孩子玩。十四歲……真的應該有屬於自己的生活了，不過當然囉，在外面和同學玩過以後，回到家裡和父母一起吃飯，然後做功課。如果家庭條件允許的話，孩子們可以有一間能夠在裡面安心學習的房間，或者是想要自己一個人的時候，可以有一間獨處的房間，是很好的。另外，還應該考慮到「被動防守」的辦法，也就是說房門上有門閂，孩子可以從房間裡鎖上房門。假如他讓房門開著的話，表示他不介意別的孩子來找他吵架。這樣就夠了，因為至少這樣，我們給了孩子想要安靜獨處的可能性。

**另一方面，有些父母很擔心孩子「發脾氣」這件事。來信的是一位有三個男孩的母親，孩子**

分別是七歲半，四歲半以及兩歲。小兒子自從學會走路以後，好像就變得很容易生氣，很挑剔，經常一整天都想去激怒哥哥們。這位母親請教您，孩子大發脾氣的時候，應該採取什麼樣的態度呢？信中說：「應該怎麼做才能停止孩子的怒氣呢？是不是可以藉由隨和的態度來避免掉那些生氣的場面呢？我們這樣做會不會太好商量了呢？……」

應該說明的是，這個孩子很健康。信裡還講到，原先這位母親並沒有太擔心，而是因為鄰居的提醒。鄰居們聽到了這個孩子大怒的吵鬧聲，過來對這位母親說：「您應該注意一下，這個孩子應該是病了，他快要抽慉痙攣啦。」

我先回答最後一點：生氣不會導致抽慉痙攣。雖然孩子發脾氣可能會極其戲劇化地誇張，但是最後不會演變成抽慉痙攣的。不過，我認為在這個家庭裡，雖然表面上看不出來，應該是二兒子挑起了小兒子的火爆脾氣，是他想盡辦法讓弟弟發火的，因為他應該還在嫉妒弟弟。老二的位置，真是不容易！他一定想要保留與老大之間相處默契的特權，而把老三孤立出來（他不想老大和老三在一起）。家裡有三個男孩，**真的**是很難辦！老二想必在大家沒有察覺的情況下，強加給老三一個非常卑微的地位。老三總是被放在比哥哥們低的位置上，因為他不能和哥哥們一起玩。其實，如果這位母親可以多關注老三的話，就可以解決許多的問題；這樣做並不是為了跟他「和解」，而是為了讓他成長。況且，其實孩子容易生氣也是常有的事情，母親可以想想看家裡是不是還有其他人也是這樣。

**這位母親在來信裡說：「我丈夫小時候，也非常容易生氣。」**

應該跟這個孩子講這件事，而且應該由父親跟他說：「我小的時候跟你一樣，也很容易生氣。後來我明白，這樣會讓我沒有朋友，我也是好不容易才能克制住自己不發脾氣的。你也可以做得到。」正因為父親在孩子身上看到了自己過去的影子，父親最好可以格外地照顧小兒子，也不要讓小兒子自責。不過，生氣發飆肯定是會吵到鄰居的。

**因此，如果我聽懂了您說的話，就要再對聽眾們重申一次，面對孩子發脾氣的時候，首先要與孩子對話，不要比孩子吼叫的更大聲，也不要去責備他。**

更不要去嘲笑他。不過，當孩子已經開始發脾氣的時候，要跟他對話幾乎是不可能的；但是不要責備他，也不要責備哥哥們讓弟弟生氣了。父母親要像個樂團指揮一樣：先安撫哥哥們，然後讓所有人都安靜下來。如果父親在家的話，可以讓他把孩子抱到另外一個房間去，安撫他靜下來，之後他們再一起回來。父親可以說：「好啦，現在結束了。等他長大了，就會知道怎麼控制自己的脾氣；可是他現在還小，就是這樣罷了。」然後再對其他的人說：「有這種性格既不討人喜歡又麻煩，我是知道的，因為我以前就跟他一樣。」

**這裡正好有個問題請教您：您認為這個孩子一發脾氣就大喊大叫的情況會持續到幾歲呢？**

首先，除非伴隨著關愛仁慈的協助，否則一個孩子在四歲半、五歲之前是無法克制自己情緒的。容易發脾氣的孩子就像一觸即發的電池，需要自己放電冷靜下來。我已經說過，玩水可以讓孩子冷靜下來。讓孩子盡情地玩水，這不只會讓他們很開心，也可以讓他們安靜下來。孩子生氣的時候，或者孩子很久沒有發脾氣，可是大人感覺到他的脾氣快來了，這時候最好讓孩子舒舒服服地泡個長澡，或者大人輕輕地用涼爽的濕毛巾給孩子擦一擦臉和手。孩子需要泡澡，尤其是比較容易生氣的孩子更需要泡久一點、讓自己放鬆，或是來一次舒服的淋浴。但是不要沖冷水澡，這會讓孩子興奮，熱水澡才有鎮靜的作用。

**也不應該變成一種折磨人的手段！不要每次孩子發牢騷的時候，就威脅他去泡澡或淋浴！**

泡澡或淋浴，應該是要讓孩子感到高興才對！另外，孩子已經夠大了，可以帶他去游泳池。孩子需要水，也需要見見其他同齡的小朋友。他之所以去招惹弟弟，是因為他沒有別的玩伴。

# 4 黏TT的小寶寶，嫉妒的雙胞胎

我們再繼續看前面的那封信（編註：讀者可參考〈嬰兒應該被抱著的〉一文，頁212—218），這樣才能回到這位母親提出的問題上。龍鳳胎的凱蒂和大衛現在五歲半，他們一起成長，很難說出誰比較優秀。兩個孩子非常不一樣，興趣也大不相同。直到五歲上學之前，他們之間一直存在著激烈的競爭與對立。那時候，大家似乎覺得女孩領先男孩：「我們覺得女孩主導支配著男孩，尤其是在解決事情的能力方面。」快五歲的時候，男孩突然進步很多，尤其是在學校方面的表現。兩個孩子曾經在同一個班上，老師非常讚揚男孩的進步表現。來信的母親強調，在家裡，無論是丈夫還是她自己，都不會拿兩個孩子做比較，也不會做評斷，她寫道：「從這時候開始，我覺得女兒任由自己的弟弟壓制，她甚至有些退步的趨勢，像是她的語言能力變得沒有以前好，記憶力也有問題等等。」這種情況到現在已經持續整整半年了。這位母親要求學校把兩個

**孩子分到不同的班級，兩個孩子對這樣的建議也欣然接受。問題是：「如何才能幫助女兒走出這個死胡同？怎麼做才能幫助她重拾信心呢？」**

我覺得，這個小女孩似乎剛剛發現了自己女性的那一面，剛剛知道怎麼區分自己與弟弟的不同。長時間以來，因為他們是龍鳳胎，所以一切都不言自明，甚至從來不曾想過這個問題。可能是父母沒有提過太多兩個孩子之間的差異，從他們很小的時候，父母或許也沒有跟他們簡單地講過類似這樣的話：「你以後會成為男人；而妳呢，妳會成為女人。」我覺得不幸的是，這個小女孩在班裡碰到的是一位女老師；假如小女孩碰到的是位男老師的話，像她這樣口齒伶俐——這是所有小女孩很正常的現象——她原本可以利用女生的優勢，在語言學習方面一帆風順的。男孩這時候就會對自己說：「好吧！這次又是她占上風！」不過在學校裡，小男孩會碰到其他的男孩，這時候他又會對自己說：「啊！他們和我一樣；而她呢，她和我不一樣。」或許父母親沒有怎麼與孩子們談到男孩與女孩在性別方面的不同。也正因為如此，孩子們在分班以後，都覺得鬆了一口氣。像這對異性雙胞胎的例子，彼此是不能產生愛意的，不能像其他的男孩或女孩那樣，三歲開始就很正常地與異性孩子之間產生愛慕的感覺。所有上學的孩子到了這個年紀，不論男孩還是女孩，無論他們會不會說出來，都會在自己的同學裡選出「未婚夫」或者是「未婚妻」。而一直到現在為止，女孩在自己弟弟眼裡，都是他的最愛。可是如今的情況是，他就像身邊所有的男孩子一樣，而且也許已經有一個吸引他的小女孩了。這對龍鳳胎裡的女孩會覺得，自己彷彿被弟弟從那個獨一無二伴侶的位置上趕走了，同時自己也不再是弟弟心中唯一的女孩了，這樣是很正常的。父母應該跟孩子解釋這些情況，應該從現在起就跟兩個孩子說，他們之間永遠都會是友好的；可是做為姊弟，就會有分開的時候，因為以後他們各自都會有自己的伴侶：女孩會有一個成為她未婚夫的男子，之後會成為她的丈夫。男孩也會有另一個女孩，之後成為他的妻子。

**那麼假如是「真的」雙胞胎呢？也就是兩個女孩或是兩個男孩，同性雙胞胎的時候情況又會如何呢？……**

如果是這種情形的時候，就完全不同了，因為雙胞胎之間的競爭是很激烈的。通常來講，這樣競爭的情形在青春期之前都是被隱藏起來的；在此之前，他們已經習慣成雙成對，而且無法讓他們分開。這是很可惜的。如果一對雙胞胎總是黏在一起，父母親可以從小開始就給他們穿不一樣的衣服，給他們買不一樣的玩具，就算他們互相交換玩具也沒關係……可能的話，讓不同的朋友分別邀請雙胞胎中的一位，並且把他們安排在不同的班級。不過，還真有一些分不開的雙胞胎。假如兩個孩子都非常渴望待在同一個班級裡，並且兩個人都成長得很好，不會過於依賴彼此的話，還是可以讓他們待在一起的。

總之，完全一模一樣地撫養兩個年紀相近的孩子，是非常不好的，這個道理也適用在雙胞胎身上。

**不得不說，知道這個道理的人並不多，因為到處都會看到很多小兄弟或者小姊妹，穿著打扮得一模一樣……**

確實。然而，雙胞胎從小時候起，就應當非常個人化才行，否則，兩個孩子會黏著彼此。其中一個孩子會處於強勢地位，另一個則較為弱勢，這樣對兩個孩子來說都不好，而對處於弱勢的孩子來說或許更不好。比較好的做法是，盡可能地把兩個孩子分開。至於上學，如果可以的話，最好讓他們上兩所不同的幼兒園……應該盡早行動。因為，一旦孩子養成習慣總要黏在一起的話，就很難再把他們分開了；到了青春期階段，就會演變成可怕的競爭關係：雙胞胎中任何一方都不接受第三者加入到他們中間。假如一方開始注意到班上另外一位同學，那麼雙胞胎中的另一方總會成為對方的競爭對手。因此，最好不要讓兩個孩子一直出現在彼此眼前。總之，非常重要的是：無論孩子是不是雙胞胎，即使他們長得很像，每個孩子都應該被父母視為完全不同的個體。

我常常聽到周圍有人說：「雙胞胎，我們不會把他們分開的。」事實上，並不是因為他們出生前曾經在一起，就應該繼續把他們視作彼此的影子；好像我們把他們「物化」了一樣，總是拿他們的過去來做參考……其實，應該以目前的情況來判斷，而**現在**，他們是不一樣的。一般來講，他們會有不同的教父和教母，應該讓這兩位不同的人分別來帶他們。你們懂了吧，應該時時刻刻區分他們兩個人，這樣才能盡可能地讓他們發展出不一樣的人格。

**在這種情況下，同樣地，也應該盡量去溝通、解釋……**

當然。

第4部

# 分離、陪伴，以及如何安撫

# 1 我們早就在等你了——孩子終於出生

孩子出生了，父母會自問一大堆的問題：像是，應該用兒語化的口吻和孩子說話呢？還是應該把孩子看作小大人？應該讓孩子單獨待在一個房間嗎？嬰兒應該被保護在襁褓裡，不受噪聲、音樂之類的打擾嗎？朋友到家裡來的時候，要不要把嬰兒收起來呢？

您用：「把嬰兒收起來……」，聽起來好像嬰兒是物品一樣！

我的說法和現實情況相差不遠，這麼說是因為有些父母確實把自己的孩子當作小東西似地。

我們知道，從前的家庭一家人都生活在一間共用的廳堂裡，那是唯一可以取暖的地方，搖籃也放在那裡。那時候的孩子比現在的孩子善於跟別人相處；現在的孩子被過度保護地遠離了家庭生活的嘈雜。然而別忘了，胎兒在母親子宮裡的時候，是與母親的生活交織在一起的，也聽得到父親的聲音。胎兒在子宮裡聆聽，子宮裡的音效是非常好的，尤其接近母親懷孕末期的時候，胎兒能夠聽到所有的聲音。出生後，各種聲響突然變得更為鮮明了；這時候，他需要立刻聽到自己母親抑揚頓挫熟悉的語調，還有父親的聲音。我認為，母親第一次把寶寶抱在懷裡的時候，所說的話語是非常重要的：「你看，我們早就在等你了。你是個小男孩，可能你曾經聽到我們說起希望生個小女孩，不過，我們很高興你是個小男孩。」

**對於剛出生幾個小時或者幾天的小寶寶來說，母親說這樣的話對他會有什麼樣的影響呢？這真的這麼重要嗎？**

非常重要。我可以告訴大家，有些孩子甚至記得剛出生時周圍的人最初說的幾句話。你們是不是很驚訝啊？其實，這就像磁帶錄音一樣。我這麼說並不是要大人去跟嬰兒長篇大論，而是想讓大家知道，從出生那一刻起，就可以對嬰兒說話了，這也正是他們所需要的。就是用這樣的方式，把嬰兒帶領到屬於我們的世界裡，把嬰兒視作未來的男人或女人，而不是把嬰兒看作布偶類的小東西。嬰兒也是人類：他們當然需要我們的悉心疼愛；但是尤其更應該把他們視作未來的男人或女人給予尊重。

**所以從出生開始，就應該讓孩子參與家庭生活，參與日常的活動……**

尤其是生活裡跟他們相關的事情，比方說，有很多吵雜聲音的時候，可以對嬰兒說：「你看，是你哥哥正弄翻椅子呢！」或者當嬰兒哭的時候，不用總是把他抱到懷裡，而是可以對他說：「哎呀，怎麼了？你這麼不高興啊！」配合語句和聲調來陪伴嬰兒的痛苦，因為對嬰兒來說，一旦痛苦被說出來，也就被人性化了。一切說出來的事情，便有了人味。對孩子而言，一切沒有被說出來的事情，就會一直停留在異常的狀態下，而使得孩子無法融入到與自己母親的關係裡。

**我想，那些第一次為人父母的爸爸媽媽總是想知道，孩子哭的時候，是應該任由他哭呢？還是應該把他抱在懷裡哄一哄？父母總是害怕慣壞了孩子。不過，首先應該問的是，需要讓嬰兒養成一些所謂的「習慣」嗎？**

您所說的「習慣」是什麼呢？如果對父母來講，孩子一出生，就意味要完全改變自己的生活方式，這是不可能的。初生兒自然是需要經常吃奶，也需要大人照顧、換尿布；母親當然會失去往日的自由，而父親也會失去曾經專屬於他一個人的妻子。的確，做父母的是會感覺到自由度改變了；不過，彎下身來對著搖籃裡的孩子說話，是件多麼令人喜悅的事情呀！我認為，嬰兒應該像曾經在母親子宮裡那樣，持續融合在家庭生活的律動裡。至於是不是應該任由孩子哭泣呢？我認為時間不應該太久。父母可以抱起孩子輕輕地搖一搖、哄一哄，讓孩子**重新融入生活的節奏**裡。為什麼輕輕搖晃的方式可以讓孩子安靜下來呢？因為，這就是母親曾經帶著子宮裡的胎兒到處走動時身體的律動。另外，抱著孩子輕搖的同時，尤其可以對孩子說：「好啦，媽媽在這裡呢，爸爸也在這裡！是啊，你看，我們都在這裡啊。」這樣一來，當孩子想哭的時候，就會在記憶裡再次聽到父母說話時抑揚頓挫優美悅耳的聲音，會讓孩子感到心安。

**我所說的「習慣」，是指生活裡的一些規則，比如說，早上帶孩子出去散步；接著餵孩子吃飯，然後讓孩子睡午覺。父母會決定讓孩子午睡一個半小時、兩個小時，或者是兩個半小時。假如父母發現孩子其實才睡了半個小時就在臥室裡哭起來，是不是應該強制孩子繼續他不願意睡的午覺呢？**

每個人都需要有自己的生活節奏，孩子為什麼一定要在自己的臥室裡睡覺呢？孩子其實應該在大家都在的地方休息。孩子睏了的時候，在哪裡都能睡著，這是再好不過的了。如果他聽得到周圍講話的聲音，會睡得更好。嬰兒需要很多睡眠，可是並沒有必要因此把他隔離開來，像被丟棄在沙漠裡似地。當嬰兒還在母親子宮裡的時候，吵雜的聲音並不會影響他睡覺，他睡一下子以後也會醒來。因為嬰兒在母親子宮裡的時候，就已經是一下子睡著，一下子醒來。

**嬰兒是應該融入家庭，盡可能地與家人生活在同一間房裡的。但即便如此，為了讓嬰兒能夠好好地休息，難道有時候不需要讓他在自己專屬的小世界裡嗎？**

我見過一些有「嬰兒房」的家庭，嬰兒房會一直保留到孩子十四歲大，只是因為大人已經把錢花在這上面了。然而，我個人認為，嬰兒只需要自己的搖籃和一個類似收納箱的東西就夠了。收納箱是為了不讓家裡太亂，一旦孩子睡了，所有的玩具全部收回箱子裡。等孩子開始爬行的時候，父母可以在玩具收納箱旁邊鋪上一塊小地毯，讓孩子能夠自行活動。這樣子，孩子在融入父母生活的同時，也擁有一個屬於自己的空間。

比較理想的做法是，讓孩子在一個分隔出來的空間裡睡覺。不過，有些家庭只有一個房間；在這種情況下，為了讓父母繼續保有屬於自己的生活，同時也讓孩子保有自己的空間，可以在房裡裝上一塊布簾。而那些有兩個房間的家庭，最好是讓孩子與父母分房睡覺，這樣父母可以安靜地休息。家裡簡單的家具，像是父親自己動手做的家具，甚至比精心上過漆的新家具更適合，因為孩子到了四、五歲，經常會破壞家具。要知道，孩子得去做點什麼**破壞**，他就是**必須**這麼做。原因在於，孩子的遊戲規則並不是要去愛惜東西。假如大人過早教育孩子珍惜那些花了很多錢買回來的東西，像是家具、壁紙等等，是會阻礙孩子「活蹦亂跳」地成長的。因為身體強健的孩子，一定是快樂的；而且父母也不用時時刻刻提心吊膽地嘀咕：「他又要幹什麼了？」

晚上，即使父母想睡覺了，也不能因為這樣要求孩子得去睡覺。只需要讓孩子回到自己的房間，這時候，應該由父親對孩子說：「現在你不要打擾我們了，你讓媽媽清靜一下。爸爸和媽媽需要在一起。」如果大人能夠好好地跟孩子這麼說，孩子很快就會照做的。要是家裡來了一些朋友，而孩子想要認識他們的話，也是可以的！這時候，大人可以讓孩子穿上睡衣，然後帶出來見見大家。要是之後孩子睡著了呢？那把孩子抱回他的臥室就行了。我們應該要通情達理，懂得去尊重孩子；只有讓孩子融入父母的生活裡，父母才能去教育孩子尊重父母。另外，也要讓孩子能夠感受到自己的安寧是被大人尊重的，並且大人不會去妨害孩子本身的生活節奏。

**您曾經說過，母親永遠都不應該跟自己的寶寶離太遠。然而很可惜的是，這是理想化的狀況，太不同於日常生活了。許多母親因為工作或者其他的原因，即使孩子還很小，也不得不請人來照顧孩子。是不是應該盡可能地避免這種情況呢？否則，應該怎麼辦呢？**

我們假設，父母已經選定了解決的方案：或者送孩子去托兒所，或者有人在家照顧孩子，或者送孩子到市區的保姆家。剛開始，最好的做法當然是有人在家照顧孩子。去托兒所也是不錯的做法，要看托兒所的規定是否有彈性，可以讓母親放假的時候把孩子留在家裡照顧。然而不論選擇的是哪種解決方案，永遠都要做的一件事情就是，應該提前告訴孩子，像是：「我帶你去托兒所，之後會回來接你的。在托兒所裡，你會見到朋友，還有老師或阿姨（我不知道不同的托兒所是怎麼稱呼這些老師或阿姨的）。」總而言之，母親要跟孩子說話並且提前知會。

當母親去接孩子的時候，不要立刻撲到孩子身上又親又抱的。如果母親立刻親暱愛撫孩子，是會讓孩子害怕的。母親應該先和孩子說說話，把孩子抱起來，讓孩子重新聞到母親的氣味，因為孩子是通過聲音和氣味去認出自己母親的。特別是要等回到家裡以後，孩子才會真正重新認出自己的母親，而不是在回家的路上，也不是在街頭或托兒所裡。這或許會令母親驚訝，因為她在第一時間裡就能認出自己的孩子！然而，孩子只有在他熟悉的空間以及聲音的氛圍環繞下（例如自己的搖籃、父母親和他自己的聲音），才能夠完全認出自己的母親。當然，我正在和你們講的是很小的孩子，是四個月到六個月大的嬰兒。經過一段時間之後，等孩子清楚了自己的生活步調，他會很高興回到家裡的。記住，去接孩子的時候，除非孩子先開始，否則必須堅持不要親吻孩子。與其母親去親吻孩子，倒不如帶一顆糖果給孩子來得適當。

**您說過，母親的陪伴在孩子的成長過程中是非常重要的。那麼，理想的情況下，這種陪伴應該延續一年、兩年還是三年呢？**

像您所說的，理想的情況應該「延續到」孩子學會走路的年紀。每個孩子情況不同，學會走路，開始爬上爬下，大約是在十八個月大的時候開始；因為孩子一般是在十二個月到十四個月之間開始學會走路。理想的情況應該是：為了讓母親們能夠有時間休息，可以和兩、三個年齡相仿小孩的母親協調一下，媽媽們聚在一起，讓自己的孩子跟其中一位母親過一個下午，母親之間輪流互相照顧孩子們……之後，每隔三天由同一位太太來照顧他們。一段時間以後，孩子們就會習慣這樣的規律。況且，與同齡的孩子一起成長，遠比一個孩子單獨成長要好得多。

**到目前為止，我們已經提到了很多等待寶寶出生的夫妻們的情況。不過，我們也應該向祖母外祖母們致敬……您能想像嗎？也有一些祖母外祖母寫信給我們……**

祖母和外祖母是非常重要的。讓孩子很早就知道她們的姓是很重要的；我們不會隨便讓孩子把一位老太太當成祖母或外祖母的。從姓氏就可以清楚區別，哪位是父系的奶奶，哪位是母系的外婆。我們可以跟孩子說：「你知道嗎？奶奶今天要來家裡，她是你爸爸的媽媽。」或者：「今天來的是外婆，她是你媽媽的媽媽。」孩子的母親與自己的母親之間，或與婆婆之間常常會有一些緊張的情形，而孩子很快就能感覺出來。不應該去隱瞞這些事情，而應該以幽默的方式看待。如果母親與祖母或外祖母想法相反時，千萬不要在孩子面前起爭執。還有，祖母和外祖母也不要把孫子當作是自己的孩子，脫口而出「啊？我兒子！」或「啊！我女兒！」之類的話，而是應該說：「你是我的孫子！」「妳是我的孫女！」「你爸爸是我的兒子！」「你媽媽是我的女兒！」家族血緣關係、世系輩分關係以及祖先長輩關係之類的事情，越早對孩子講清楚，就越快在心裡有概念。很快地孩子就能明白與誰有關係。儘管有時候孩子會裝迷糊，這是無傷大雅的。

另一方面，祖母和外祖母也不必太過擔心地想：「啊！讓孩子這樣或那樣做，不知道媳婦（或者女兒）會不會高興？」祖母和外祖母想怎麼與孩子相處都可以，過後與孩子解釋清楚就行了，孩子很快就會理解的。另外，祖母或外祖母也可以拿出舊照片給孩子看，給孩子講一講爸爸（或媽媽）從前發生過的事情，孩子從四歲起就對這些故事很感興趣。這樣可以啓發孩子，讓孩子明白爸爸和媽媽以前也和自己一樣曾經是個孩子。也只有祖母和外祖母夠格給孩子講這些事情。

關於祖母或外祖母，有一位母親來信說：五歲的女兒今年第一次上學，一切都進展得很順利。她特意每天早上開車送女兒上學，讓孩子的父親中午去接女兒，為的就是讓女兒可以完全地信任父母。前半個月，一切都很順利；可是突然之間，就在某一次去過奶奶家之後，孩子開始哭著拒絕上學了。怎麼會這樣呢？這位母親試著分析：「婆婆對我女兒說：『在學校，你要好好學習，因為奶奶不喜歡學習不好的孩子。』」如果孩子突然拒絕去上學是從奶奶說了這句話開始的，那麼這位母親想知道要怎麼做，才能讓孩子重新想去學校呢？

這個問題很難回答。奶奶說到學習，可是孩子只不過是上幼兒園；而且孩子也完全清楚在幼兒園不是為了學習——在幼兒園是和小朋友一起唱歌、一起玩耍。這個孩子應該在想：「奶奶真的不知道幼兒園是在做什麼的嗎!?」或許應該針對這一點和孩子談談，告訴孩子奶奶不清楚幼兒園在做什麼，因為奶奶小時候沒有像現在這樣的幼兒園；或者跟孩子說，奶奶說的學習應該是指動手做東西、跳舞、唱歌。然後，還可以答應孩子，爸爸媽媽會去跟奶奶解釋一下幼兒園的運作……

# 2 父親出遠門時

**孩子出生以後，大家很容易認為，孩子會與母親最先建立特殊而親密的關係；跟父親比較的話，孩子會更親近母親。通常，只要父親出門幾天或幾個星期，等他再回到家裡，孩子會不接受父親，甚至會給父親臉色看。**

是啊，父親會因此感到懊惱……首先，我們要知道，時間對孩子跟對大人來說的感覺是不一樣的。兩天、三天對一個孩子，就像是兩、三個星期那麼久……兩天對孩子來說，是很長的。所以父親出遠門之前，應該提前告訴孩子，特別是要跟孩子說：「我會想你的。」母親也要跟孩子談起出遠門的父親，這樣子，父親就會持續存在於母親的話語當中。否則，做父親的就不要感到意外，當自己回家的時候看到孩子臉上露出不開心的樣子，或者表現得很冷淡。然而父親也不要因此表現出任何不滿，而是要表現得很自然，可以對孩子說：「妳好啊，我的女兒！妳好啊，我的太太！」不消一會兒，孩子就會過來圍繞在爸爸身邊了。

父親千萬不要立刻撲上前去抱著孩子猛親。父母不知道的是，孩子在三歲以前，並不會覺得被抱著親吻是一件多好的事情，而且孩子也不知道大人會親到什麼程度。（特別是孩子還小的時候，越喜歡一樣東西，就越喜歡把它放進嘴裡。這樣示愛的吞食行為，在孩子斷奶之後，會被當作一種接近同類相食的禁忌。）父母以為，擁抱親吻是在表達他們的愛；也以為孩子回應的擁抱親吻，是在表達對父母的愛。然而事實並非如此，或者應該說，這是大人強加在孩子身上的儀式；孩子照做並不能證明什麼。其實孩子表達自己愛的方式，是拿自己的玩具給父親；是爬到父親的腿上；是給父親自己的洋娃娃。這時候，離開家一段時間的父親或者母親，可以對孩子說：「真高興又跟你在一起了！」然後可以對著孩子拿過來的玩具說：「啊！好漂亮啊！你拿給我的東西真是好漂亮啊！」這樣，一切自然水到渠成，因為孩子感興趣的這個東西，也讓父親感興趣。

關於短暫的分離，我們收到了許多必須常常出遠門的父母的來信，有的是長途卡車司機，有的是業務代表，也有廣播電台或電視台的記者。他們都想知道如果孩子長時間與父母親分開，會不

**會給孩子的生活帶來非常嚴重的影響？有一部分的父母甚至考慮換工作。請問，孩子在這種分離的狀況下是什麼感受呢？**

一切都取決於如何跟孩子語言交流上。如果父親用生動又簡單的方式跟孩子講一講自己不在家的時候，是去做什麼工作（即使孩子看起來聽不太懂），像是開大卡車，做電視節目，當業務代表……或者其他類型的工作，這些訊息就會存留在孩子的耳裡。另外，做母親的在父親不在家的時候，要重複告訴孩子父親去工作了，父親會想著他們的，過不了多久父親就會回家。等孩子再大一些，大人可以拿日曆給孩子看，並且告訴他：「你看，到了這一天，爸爸就會回來了。你想為他做點什麼嗎？想畫一張漂亮的圖畫給爸爸嗎？他會很高興的！」當父親不在家時，我們**必須**談起他。直到父親出遠門第三、四次以後，孩子才會有意識——孩子在十二到十八個月大的時候才會「有意識」。這時候，孩子才會明白：父親出遠門了，他會回來的；父親不在家的時候，大家想念他，因為大家都會說起父親。

另一件重要的事情是，在孩子十八到二十二個月大的階段，尤其是當孩子有點搗蛋、任性、跟母親唱反調，甚至亂發脾氣的時候，不要讓孩子把父親當作警察一樣，也就是不要讓孩子以為等父親回來的時候會管教處罰他。母親尤其不應該說：「我要告訴你爸爸！」這麼做是非常非常不適當的，因為孩子只要一想到父親回家的日子，就會跟自己累積起來的許多罪惡感聯結在一起，這種不自在的感覺會讓期待父親回來的快樂心情變得黯淡。不過，也不應該因為父親不在家，而把父親排除在事情之外。有時候，年長的孩子會要求母親不要告訴父親某些自己不光彩的事情，像是一些荒唐可笑的行徑，或是因為個性問題對其他的孩子或母親發了脾氣等等。母親可以明智地回答孩子：「我當然不會告訴你爸爸啊，你已經知道錯了。如果你爸爸在家的話，你可能就不會這麼做了，我也不會拿這些小孩子的事情去煩你爸爸的。」相反地，如果是嚴重的事件，母親就需要徵詢父親的意見。在這種情況下，母親不要對孩子說謊，更不要威脅孩子，好像告訴父親是在尋求權威懲罰似的。母親要讓孩子把父親當作是會給母親提供良好建議的助手，父親與母親會一同負起責任協助孩子渡過難關。總之，無論孩子幾歲，當父親不在家的時候，重要的是要維繫父親繼續存在的想念，以及對父親的信任。

# 3 誰拋棄誰？

來信的這位母親有一個三個月大的嬰兒，她寫道：等到寶寶六個月大的時候，就要送他進托兒所。她問您怎樣才能讓孩子順利地從家庭生活過渡到托兒所呢？她還說，自己身邊所有的人使出千方百計要她明白托兒所對孩子是不好的，然而，她還是不願意妥協。她請教您，自己是否應該在孩子去托兒所的前一個禮拜，就開始少照顧孩子一點，或者應該利用節日假期盡可能地把孩子託付給家人照顧，比如說，把孩子託付給爺爺奶奶或者是外公外婆照顧。

當然不能這麼做。這位母親應該要照顧自己的寶寶……我覺得重要的是，母親要帶著寶寶一起去別人家，而不是把寶寶託付給別人照顧，自己就離開了。對孩子來說，三個月後把他留在托兒所和別的孩子一起，還是把他丟給其他的大人照顧，兩者完全不是同一回事。然而，如果孩子總是能夠看到母親和其他的大人說話，而不是單獨與母親待在一起，這樣當然對孩子有益處。況且，所有的嬰兒都應該常常跟母親一起去見見其他的人。如果可以的話，每次母親出門都應該帶著孩子，讓孩子去認識一下自己的伯叔舅舅、姑姑姨媽、外婆祖母等。但是，這也不意味著母親要經常出門。不過，顯然這個年紀進托兒所是有點棘手的。

**是有些太早了嗎？**

不是這樣的。恰好相反，其實可以很早就把孩子送進托兒所，孩子也能很快適應托兒所的步調。然而，這個年齡的孩子是會非常想念母親的，因此要有所準備……她沒說要去做什麼工作嗎？會不會占用她全部的時間呢？

**看起來，她堅持不想放棄現在從事的工作。我想她目前是在育嬰假期間，等育嬰假結束之後，她堅持要回去工作。**

孩子只需要幾個星期就能夠適應托兒所的生活。但是，母親要對孩子解釋：「我必須去工作，把你留在托兒所我非常難過。但是，在那裡你可以有別的朋友，還可以見到其他的小寶寶。」母親要經常跟孩子說到其他的寶寶，也要帶孩子去公園裡看看其他的寶寶和他們的母親，然後稱他們為「其他的寶寶」、「小朋友」、「同伴」、「小女孩」、「小男孩」等等。千萬不要跟自己的孩子說其他孩子比他乖，要讓孩子清楚地知道：即使母親在他面前和另一位母親一起、跟另一個孩子說話，對自己的母親來說，他才是母親心裡最在意的孩子。

**總之，就是不要不關心自己的孩子或者對他照顧得不夠……**

當然不行。托兒所的阿姨都是盡心盡力在照顧孩子的，那為什麼母親不行呢？顯然，和所有的女性一樣，母親在照顧孩子、和孩子說話的同時，還要做家務——女性在照顧寶寶的同時，總是還有很多其他的事情要做。

**來信中經常出現有關和小寶寶分離的問題。**

我這裡有兩封關於這方面問題的來信。其中一封來自於一位祖母，她說：「我從明年一月開始得去照顧孫女。面對即將發生的生活變化，您能不能指點我一些事先需要注意的事情？」她的孫女到那時候就快三個月大。

她有沒有提到孩子還會不會再見到自己的父母呢？

**應該會。不過她沒有提到太多的細節，信裡是這樣說的：「我要從早上八點到下午五點半照顧孫女。星期三、星期六和星期天會換人照顧，床上用品也會換，甚至環境氛圍都會不一樣。」**

這樣，就又回到我剛才已經說到的：從現在開始，這個孩子就應該和母親或父親一起去祖母家待上幾個小時，讓孩子認識一下環境。母親也要告訴孩子：「你看，這裡就是祖母家。」根據這位祖母的信，她是白天照顧孩子，而且不是每天都照顧。這樣很好。大人應該提前知會孩子，讓孩子在父親或者母親的陪伴下，藉由父親或者母親的聲音去熟悉新環境。而且，還應該讓孩子保留某些母親的東西在身邊，讓孩子可以聞到母親的味道。另外，每次去祖母家時也應該帶上孩子在家裡的玩具，然後再把這些玩具帶回父母家。還有就是祖母家的玩具，一段時間之後，孩子也可以帶回父母家裡，而且也可以把孩子家裡的玩具帶到祖母家，然後留在那裡。要讓孩子有一樣自己最喜歡的東西留在身邊；無論是從父母家到祖母家，還是從祖母家回到父母家，這樣東西都跟著孩子，他就會覺得兩個地方都很好。要是孩子在來去這兩個地方，都能夠感覺到繼續舒服自在地做自己，那麼他就可以適應得很好了。週間，祖母可以帶孩子出去散散步；其他的日子，父母也可以帶她出去，這樣會很好。

好了，不需要緊張了。現在有另一封信是一位父親寫來的，和上一封信的祖母相比，他的問題又更進一步了，不過還是圍繞在「分離」的主題上：「對於一個二十個月大的孩子來說，要承受和父母分開三個半月，會有什麼立即的後果？尤其是長時間以後會有什麼樣的後果呢？」

二十個月大了……他應該已經能走、能跑還能說話了。所以，即使孩子話說得不算很好，大人還是能夠很容易聽懂孩子的表達。應該協助孩子做好準備，跟他講一講即將來臨的改變。父親或母親要帶孩子去他即將要去的地方。父母要跟孩子告別，就算孩子哭了，也不要在他睡著的時候或是在他沒有目送父母親的情況下離開。之後，父母可以給孩子寫卡片，畫一些簡單的圖畫，或者給孩子寄餅乾、糖果，至少每星期一次，並且定期實行。這樣，孩子就可以收到父母想念的訊息了。這是非常重要的。二十個月大，是一個很可以與父母分開的年紀……父母親應該透過傳達思念的見證，讓孩子感受到父母的存在與陪伴。要是孩子不高興，父母也不要驚訝。的確，這就是孩子以自己的方式做出的反應；孩子能夠對分離做出反應，是特別好的。等孩子再次見到父母的時候，如果他有點鬧脾氣，父母也要理解孩子，和他好好說話，不要責備孩子，這樣一切都會順利的。既然分離是不可避免的，那麼就只是一次需要克服的考驗罷了。至於祖母，或者其他接手照顧孩子幾個星期的人來說，之後孩子離開時，對他們的考驗可能比對孩子來說更困難。然而，不要讓孩子突然就離開這個照顧過他的人。至於父母，也應該跟孩子說一說分離的情況以及再次見到孩子的快樂心情。此外，不要當著孩子的面，跟別人敘述彼此重聚時孩子是表現得如何不在乎。

還有另一位女士也給我們來信，寫道：「我有一個兩歲半的兒子。在他七個月大的關鍵階段，每個星期我都得拋棄他三天。」

已經可以看得出來這位母親在自責了，因為她用的是「拋棄」這個詞，而不是說從早到晚把孩子「託付」給誰。

為了工作，她把孩子留在保姆家。她說：「我要說自己還是挺幸運的，因為我是老師，所以有很長的假期可以和自己的孩子在一起。」第二年開始，她幾乎每天都工作，所以就又把孩子送到保姆家了。一切也都很順利。接著是今年（孩子兩歲半了），她說：「我不工作了；但是，我想把兒子送到幼兒園，這樣他才可以接觸其他的孩子。」

所以她不工作了？

**正是。**

啊！這就有點奇怪。

**她跟孩子好好地解釋過，幼兒園就是玩耍的地方，在那裡可以認識一些小朋友。接著她說：「可惜的是，第一天去了幼兒園之後，孩子就頑強抗拒上學，還大哭特哭。」這位母親想問的是，應該堅持讓孩子去幼兒園，還是等幾個月後再送孩子去幼兒園呢？**

我想這位母親非常清楚問題出在哪裡，她的孩子曾經在保姆家……看得出來這位母親感覺自己把孩子拋棄了；不過，看起來孩子在保姆家挺開心的。這位母親沒有跟我們說保姆家是不是還有其他的孩子，還是只有她兒子一個人……當然，對這孩子來說，兩歲半就被送去幼兒園和其他的小朋友在一起，而母親卻每天都在家裡，是有些不合常理的。因為，這位母親其實是可以跟兒子做到在幼兒園裡所有的事情，甚至還能夠做到在幼兒園裡做不了的事情，比方說和媽媽一起說話，或是參與媽媽的日常活動，像是去買東西、做飯、打掃……

**我覺得這位母親把孩子送去幼兒園，是為了讓孩子去接觸、認識其他的孩子。這個孩子是獨生**

子。

正因為如此，這是一位懂得教育孩子的母親。或許現在她就可以轉換照顧孩子的方式，也就是一種跟先前保姆不同的照顧方式。這位母親現在辭職在家了，所以我不建議她再把孩子送到保姆那裡去；然而也可以不要完全不送孩子去保姆家，像是一星期可以送孩子去保姆家一、兩個下午。這樣的話，母親也可以有些時間休息。為什麼這位母親辭職在家呢？或許是為了休息，也或許是因為別的原因，她並沒有說得很清楚。這樣的安排，母親就可以靈活運用時間照顧兒子。同時，兒子現在也知道幼兒園是做什麼的了，母親也準備好了讓他去那裡玩耍、畫畫、唱歌，讓孩子可以集中注意力在幼兒園的活動。不過還是得說，兩歲半就上幼兒園，實在還是太小了。

事實上，如果大人想要把兩歲半的孩子送去幼兒園，是這個孩子已經習慣在外面或者在家裡跟其他的小孩一起玩，或者他被一個自己認識的小朋友吸引而結伴去幼兒園，或者是他想模仿哥哥或姊姊去學校。否則，兩歲半上幼兒園，真的是太早了。

**就一般情況來說，您認為幾歲是送孩子去幼兒園最理想的年齡呢？**

孩子，沒有所謂的「一般」；因為，每個孩子都是不一樣的。有些孩子，只要大人教過，他們在家就能自己找事情做；尤其是跟著母親在家裡做媽媽做的事情。先決條件是，孩子在家裡已經很靈巧了：知道怎麼打發時間，怎麼自己玩，能夠講出自己做過的事情，能夠和自己的泰迪熊、娃娃或小汽車玩耍編故事，獨自玩遊戲，或者在有人陪伴下做家務：他可以配合母親，幫媽媽削蔬果皮，跟媽媽一起去買菜，觀察街上的事物……還有，等孩子已經能夠常常在公園裡自由地和別的小朋友玩耍，並且在碰到小衝突引起小小意外的時候，會跑回母親身邊；讓媽媽安撫他，跟他解釋剛才所體驗的事情。是要經歷了這些事情之後，孩子才會開始對上學感興趣。

**所以是幾歲呢？**

三歲。對於一個聰明伶俐的孩子來說，三歲上學是挺好的。兩歲半，我覺得還是很小，尤其是對於獨生子女來說，因為他們**首先**需要習慣和其他的孩子在一起。

**另一方面，是否也有一個不應該超過的年齡上限呢？也不應該把孩子留在家裡太久，不是嗎？**

對。不過這也要看孩子在家裡日常活動的狀態，以及孩子對外面世界的認知，例如，孩子對鄰居、街道、公園等等的認知。以前的孩子，六歲直接上小學，是因為以前的家裡，可以和親朋好友一起做那些現在幼兒園裡做的事情。對孩子來說，那時候的家庭並非只局限於父親和母親，還有外婆祖母、叔叔舅舅、姑媽阿姨、表哥堂弟堂姊表妹和鄰居，孩子也會參與家事。所以孩子會很開心能夠去學校學習認字、寫字；因為他已經很伶俐了，已經會唱歌、跳舞，也可以自己一個人玩耍，還知道幫忙……總之，當時的孩子已經能夠通過肢體協調能力與動手操作的能力做許多事情了，儼然是每天日常生活裡的小幫手。總之，兩歲半上幼兒園是太早了；除非孩子非常聰明伶俐，並且時時刻刻都渴望跟其他的小朋友接觸。

# 4 每個孩子有不同的睡眠習慣

這裡有一個跟您之前講過的孩子睡眠觀點持相反意見的案例。您曾經明確地說，只要孩子感覺需要睡覺了，無論在什麼地方都能睡著，然後再把孩子放進臥室的床上。「強迫」孩子去自己的房間「睡覺」，有點像把孩子流放到沙漠裡一樣。然而，有位母親對我們說：「我有一個十六個月大的兒子。除了汽車長途旅行外，如果不是在自己的床上，也就是說不在自己的房間裡的話，他就拒絕入睡。可是如果有別的人在，他就一定要參與大家熱鬧的活動，還會強迫自己保持清醒。」因此，這位母親認為身邊的大人給兒子的睡眠帶來了不好的影響；而睡眠對於這個年紀的孩子來說，是讓身體發育良好最主要的因素之一。

她說得完全有道理。我們之前說得太含糊了。有些孩子從出生開始，當他覺得睏的時候，無論把他放在哪兒，都能按照自己的步調睡著。而這封信裡的孩子卻不是這樣的，他也許特別把注意力集中在跟大人的關係上。沒有任何一個孩子是與另一個孩子相像的。這位母親想必從孩子還小的時候，就讓他養成了只在自己床上睡覺的習慣。這位母親做得很有道理。她已經讓孩子習慣了某種生活步調。為什麼不行呢？當她明白只要把孩子放到他的房間他就可以睡覺，那就繼續吧，不必再多想什麼了。我很喜歡有人對我說過的話提出質疑，因為我說得都有點籠統。我知道，在農場裡長大的孩子，從小就和大人在共用的起居室裡睡覺，因為那是家裡唯一有供應暖源的地方。我前幾個孩子還小的時候剛好是戰爭時期，我們只有一個房間供暖，也就是所有的人都住在一起。現在的生活條件已經和當年不同了。況且，有些孩子特別容易興奮；另外一些孩子就比較安靜，睏的時候無論在哪裡都可以睡著。根據來信提供給我們的資訊是，這個孩子在車上可以睡得著，不過有些孩子一到車上就會不想睡覺。

**另一方面，還是要重複說明的是，讓孩子在有很多人的房間裡睡覺也不是一件壞事。**

來信中提到的孩子已經習慣在自己的床上睡覺。也許他只偏好在自己的床上或者在車上睡覺。為什麼不行呢？看來他已經保有從小就養成的生活步調。不過也許他就要面臨一個轉捩點了？目前來說，他還是在自己的床上睡覺；但有可能某一天，他會走出自己的床，來到大家共同生活起居的房間睡覺。我想有這種情況的時候，最好不要生氣，也不要驚訝。在不打擾大人的情況下，這個孩子可以向大人爭取個人的主動權，而大人也應該給孩子機會讓他這麼做。當一個孩子養成「習慣」以後，他會比其他的孩子難適應變化，而無法在任何情況下，找到自身的安全感。

**好的，以上就是對這封來信的回覆。我們是不是可以對這個問題做一些延伸，來談談孩子睡眠的重要性以及時間的長短……**

這個問題很難講清楚。我個人有三個孩子，每個孩子的睡眠狀況都不一樣。當然，到了某個固定的時間，他們就會回到自己的臥室，但並非都會上床睡覺。我認為，應該避免讓孩子在父親下班回家前上床睡覺。不過，如果孩子還不想上床睡覺，可以讓他們換上睡衣；等他們累了，自然就會去睡了。那些從來不被強迫上床睡覺的孩子，到了自己知道怎麼爬上床的時候，是會完全自願上床睡覺的。沒有欄杆又不太高的床鋪的好處就在這裡，還可以在床旁邊放一把椅子讓孩子擺玩具，或是放一些圖畫書讓孩子睡前或醒來時可以讀。

**如果父親很晚才下班回到家，要不要把孩子叫醒呢？**

如果孩子真的睡著了，一定不要叫醒孩子。但是，父親可以提前告訴孩子：「我回來的時候，一定會過來跟你們說晚安。」如果孩子已經上床了，但是還醒著，可以去迎接父親。我覺得讓孩子去迎接父親是很好的，可以穿著睡衣和大人待一下子，因為孩子非常需要見到自己的父親，不是嗎？讓孩子待個五分鐘、十分鐘……然後喝一點牛奶，就可以讓他們回床上睡覺了。通常這樣做，孩子會睡得更好，開心地醒來一會兒，重新回房睡覺前再吃一點東西，像是一小片麵包、一塊小餅乾，或者喝點什麼，然後開一盞微亮的小夜燈，並且有玩具圍繞著，等孩子睏意來了，自然就會睡著了。

也就是說，孩子也要知道尊重父母晚上的時段；因為，大人也需要休息，並且需要享受沒有孩子在場的兩人時光。

**另外一封信請教您，對一個五、六歲的孩子來說，在父母的臥室裡睡覺，會不會給「心理健康」帶來什麼影響？**

首先，這封信沒有說明這個家裡是不是還有其他的空間，或者一家人是生活在同一個房間裡。的確，晚上孩子最好不要去打擾父母的親密關係以及睡眠時間。如果真的沒有別的辦法，也千萬不要讓孩子到父母的床上。不過，大人也不要因為孩子想要這麼做而責罵他，應該要好好地和孩子談一談。如果是個小男孩，可以跟孩子說：爸爸小時候，有自己的床。如果是女孩，告訴她要接受自己還是個小女孩的事實，不要去扮演大人的角色：也就是說，跟父親在一起的時候，扮演媽媽的角色；跟母親在一起的時候，扮演爸爸的角色。

**另外有一些問題也經常反覆出現。有一個十歲半的小女孩，和六歲的弟弟住在同一間臥室裡。有一天，父母給她整理出了一個屬於她個人的房間。可是現在，小女孩總是想回去跟弟弟同住一間臥室，因為獨自一個人在房間裡會讓她害怕。這種情況該怎麼辦呢？**

首先，這個女孩似乎並沒有要求父母整理出一間單獨的房間給她。我想，最好讓這個女孩和弟弟繼續睡在同一個房間裡，一直到女孩開始發育為止。對這個男孩來說，暫時沒有關係。

**發育期，指的是……**

女孩子的發育期，指的是月經初潮，也就是成為年輕女性的時候。這時候（也許甚至更早），如果女孩能夠擁有自己的房間，應該會很高興，男孩也應該如此。不過，目前看來，母親為什麼不把另一間房間整理成遊戲室呢？孩子可以在睡覺的房間裡做功課，然後在另一間房裡玩耍，這樣也許會更明智一些：目前還是不要把家裡僅有的兩個孩子分開。如果家裡有好幾個女孩而只有一個男孩的話，那麼就要有一個男孩的房間，以及一個女孩們的房間。

**另一方面，有許多來信都提到關於孩子夜驚的問題。在我看來，這種現象總是跟孩子的某個特殊問題有關聯。剛剛提到的十歲半的女孩：對您來說，很明顯地，她是因為環境的改變而產生焦慮。**

肯定是的，尤其是她自己還沒有想要換房間……

**關於兒童夜驚的問題，還有沒有其他可能的解釋呢？**

當然有。孩子七歲左右，做惡夢是很常見的現象，甚至是必需的。我認為，這個小女孩似乎有點太把自己「向下壓」到弟弟的年齡；而做弟弟的，一定是「伸長脖子」想快快長大到姊姊的年齡。我想，在兩個孩子被分開之前，他們倆應該要有各自不同的朋友，而不要從小就像雙胞胎一樣黏在一起。當兩個孩子長時間以來習慣了住在同一個房間時，不要太突然地讓他們分房睡。需要慢慢地來轉變孩子的心理，而這樣的心理轉變主要還是靠孩子的朋友：孩子總是需要有一個朋友——一個相處愉快的朋友——套用我們的心理學術語，就是「輔助型自我」。孩子總是需要夥伴，在我們這個案例裡，姊弟兩個睡在同一間臥室裡，當然是更開心的。一直到現在，這兩個孩子都算是彼此最重要的「輔助型自我」：並不是突然把他們兩個晚上分開來睡覺，就會有幫助；而是要教他們在白天分開來生活，趁著週末或假期，讓兩個人各自交到不同的朋友和遊戲夥伴。

**假如是兩個男孩子的話，比方說兩兄弟，可以同住一間臥室到幾歲呢？**

如果是兩兄弟的話，可以整個童年、少年、甚至青少年時期都同住一間臥室。比方說可以在房間裡做一個小小的分隔裝置，這樣即使他們彼此作息不同，在學習空間裡的光線也不會影響到對方。我不認為同一性別的孩子同住一間臥室會有什麼壞處；也許從青春期開始會出現一些麻煩。但重要的是，孩子各自的睡眠不應該干擾到對方。儘管在孩子小的時候，上下鋪讓他們覺得很好玩，但我並不覺得上下鋪很好。因為使用上下鋪，在睡眠過程中，其中一個人所有的動靜都會傳遞給另外一個人——除非上下鋪是固定在牆上的。睡眠中，所有的人都會退回到脆弱無助的狀態，睡在這類上下鋪的孩子，他們之間會產生一種因家具製作條件而強加給彼此的依賴性。[6]如果房子空間不夠，分離式活動母子床會是比較好的選擇。尤其是這種型式的寢具，鋪床也比較容易。況且，如果其中一個孩子生病臥床的話，也比較方便。

就算是雙胞胎、同性別或者同年齡的孩子，讓他們睡在同一張床上都是不好的。這樣的情況在鄉村來說，比較不會不方便（其實也未必）；因為都會的生活，白天人潮擁擠，每個人只有在晚上才能夠擁有自己的空間，不用人擠人地睡在一起。睡在同一間房裡與睡在同一張床上，是完全不一樣的。睡在同一間房裡是沒有害處的，除非哥哥已經是成年人，而弟弟還是個孩子。

---

6 譯註：睡眠，是無意識也沒有年齡之分的。睡眠狀態中，所有的人都會退回到脆弱無助的狀態，也就是回到嬰兒的狀態，這就是所謂的退行（régression）。除非雙層床固定在牆上；否則睡上下鋪，當一個人動作時，另一個人會感覺到。通過一個人對另一個人動作的感應，會產生一種無意識配合的風險，而導致另一個人的退行。

# 5 喜歡或愛欲——夜醒問題

我們再來談談夜醒的問題：這裡指的是孩子半夜醒來而且會哭鬧的問題。

是幾歲的孩子？

一個三歲的小女孩，據她母親說，孩子身心都很健康。儘管如此，從三個月前開始，她每天夜裡都會醒來。於是，這位母親便徵詢了身邊的一些朋友，她們同樣也有年紀還小的孩子，而且這些孩子每天夜裡常會醒來三、四次。這位母親說：「我去看了我們的兒科醫生，跟他說，我受不了孩子半夜醒來害得我也睡不著；因為這樣的生活步調，我是沒有辦法堅持太久的。我要求醫生給孩子開一些鎮靜劑，但是醫生拒絕了。可是我甚至同意服用鎮靜劑，也同意夜裡重新給孩子用尿布的。」

為什麼要重新用尿布？這跟夜醒有什麼關係呢？

**確實有點天外飛來一筆……**

這個小女孩已經三歲，算大了；跟很小的孩子夜醒的情況已經不同了。而這種情況是三個月前才開始出現的……不過，三歲是孩子開始對性別感到興趣的年齡；這個年紀的小女孩對自己的父親會有熾熱的愛慕之情。來信的母親沒有談到自己的丈夫，想必她是跟丈夫同床的。我認為，這個小女孩想要像自己的母親一樣，有一個陪伴她睡覺的人。

而且，這位母親還說，每次女兒醒過來，就會喊著：「媽媽！媽媽！」或者：「水！」或者：「爸爸！」如果沒有任何反應的話，接下來就會上演又吼又叫的八點檔哭戲。

假如有的時候是父親過來安撫小女孩，並對她說：「噓！媽媽睡了，大家都要睡覺啦，妳也睡吧。」這樣對小女孩一定會有幫助的。還有，母親也可以稍微調整一下孩子的臥室；例如總是在孩子床邊的小桌子上放一杯水。當孩子身邊放著一杯水的時候，很多「尿床」的情況（我會說到這個，是因為她提到了尿布的事）便會消失。這對父母親來講，完全是不合常理的吧！原因在於，憂心或焦慮的孩子總是需要水。而立刻「製造」出水的方法，一是尿床，二是喝水。因此，習慣尿床的孩子身邊如果有杯水的話，他就會把水給喝了。這個小女孩有可能是恐懼黑夜，對於三歲的孩子來說很正常。如果在七歲時重新發生這種情況的話，常常是以做惡夢的方式出現。三歲的時候，就是醒過來——找母親，想重新變成小寶寶待在媽媽身邊。因為這個年紀的孩子，開始意識到自己是男孩或是女孩。大人可以在白天的時候和孩子玩捉迷藏：把房間變暗，或者用布條蒙上眼睛，假裝是在黑夜裡；孩子可以站起身，做點事情，或者開燈、關燈等等，可是，不要去吵醒父母。我想藉由這個遊戲，再加上幾次說明，孩子就會清楚了解，應該要讓父母安心地休息，等小女孩長大以後，自然會有丈夫陪她入睡。儘管現在她已經不再是嬰兒，然而她還是個小孩。

我想，這個小女孩還沒有從母親那裡得到足夠的自主性。比如說，自己選擇白天穿什麼衣服，梳什麼髮型……為自己打點一堆小事情。這個年紀的孩子，已經開始愛打扮了。母親可以大力協助孩子在白天獨立自主，讓他們夜晚不會再想回到父母的「窩裡」。好了！還有什麼可以跟各位說的嗎？我一點都不明白要重新使用尿布是怎麼一回事；如果有這種情況出現的話，就表示孩子還會尿床？

**看來是這樣的。**

那麼，孩子會不會擔心夜裡需要尿尿呢？

**我猜想，這位母親說到夜裡重新給孩子用尿布，是為了讓孩子沒有醒來的藉口。**

沒錯。小女孩說要尿尿，是因為她以為性別的差異在於小便方式的不同。我想這位母親應該跟孩子解釋清楚，男孩和女孩性器官的不同，這跟尿尿是沒有關係的；要明確地使用「性器官」這個詞。母親還要告訴孩子，她是個漂亮的小女孩，長大會成為少女，然後會像母親一樣，成為女性。不過，也可能是因為這個三歲的小女孩，仍然被關在一張有安全護欄的小床裡，沒有辦法自己出來尿尿。只要父親把小床的護欄拆掉，或者換一張床就可以了。

關於**鎮靜劑**，我也要再說兩句。

醫生說的完全有道理：鎮靜劑只是讓母親方便罷了。要解決母親的問題又不會對孩子造成傷害的做法是：可以讓女兒偶爾去別的地方過夜，比方說去別的女生小朋友家過夜。如果孩子去堂表姊妹家或女生小朋友家過夜，只要八天，一切問題都會迎刃而解。我想這個小女孩會出現這樣的反應，是因為她只有一個人，三歲的她嫉妒能夠睡在同一張床上的父母親。

總之，不是要去責罵或者平息，而是要藉著這個機會，去理解孩子在三歲過渡階段中所發生的變化——也許是由於孩子的身體成長，小床顯得太擠了；床太小不僅會讓孩子碰撞、無法伸展，也會讓孩子滯留在嬰兒階段。另外，也許是因為孩子的智力發展讓孩子覺察到了「尿尿」，也就是說覺察到了性別的差異；然而，母親卻沒有用安撫的話語跟孩子解釋任何關於這方面的資訊。還有，給一個不睡覺的孩子過度服藥，並不是解決的辦法。最好是能夠去理解孩子的身體與認知都在成長：用行動來解決其中的一個問題（床太小的問題），再與孩子溝通來解決另一個問題（性別差異的認知問題）。

還有兩封來信。一封來自一位祖母，另一封來自一位母親。她們在信裡講到年齡稍微大一些的孩子，問題也稍微特殊一點。先說這位祖母的來信，她很擔心自己十一歲大的孫子，雖然男孩已經長時間反覆去看醫生了，但還是會尿床。信中說：「看著他帶著這麼大的障礙成長，您能給我們一些建議嗎？我們還應該做些什麼呢？」

我要對這位祖母說：她的提問實在很暖心。不過，這孩子已經夠大的了，他必須對自己性方面的成長負責。必須說的事實是：發生在男孩身上尿床的問題，總是牽涉到性成熟方面的問題。我不知道在這個家庭裡，特別是父親，是否也擔心這個孩子。這封信裡沒有提到父親，反倒似乎提到了一位哥哥，是吧。

**但是寫信的是祖母。**

這位祖母應該盡可能地給予男孩明智的關愛，而不是一味地關注孫子尿床這件事。至於男孩，如果他自己對這個問題感到困擾的話，可以去諮詢專科醫師。這位祖母居住的地區一定有這方面的專家，也就是我們所說的心理醫療教育諮商，那裡有心理醫生，社會醫療保險也會給付心理諮商療程的費用。如果這個男孩擔心的話，以他的年齡，不用等到青春期，就可以去找專業醫療人員談一談。不過，其他的人不應該讓男孩因為無法自我控制的尿失禁而有罪惡感。這個尿失禁問題是心理不成熟的表徵，家庭乃至祖母或許多少都有責任。

**另一封信是關於一位十四歲的少年。信裡說到，這位少年從七歲開始就會因為夜晚而焦慮，對黑暗有一種病態的恐懼。有時候睡著了，半夜醒來，就會害怕。**

這種情況是從七歲開始的。我必須說，如果七歲左右的孩子沒有做過惡夢的話，實在不能算是正常的孩子。事實上，所有的孩子在七歲的時候，每星期至少都會做兩、三次惡夢。為什麼呢？因為這個年紀，正是他們必須區分**喜歡**以及**愛欲**的時候。在孩子眼裡，父母親非常相愛，彼此只有對方；況且，父母親還有專屬於他們在臥室裡的愛欲與親密。而這個男孩，則在黑暗中被焦慮籠罩著……從七歲到現在，他一直忍受著這種焦慮的感覺，現在已經十四歲了，正是應該去找心理治療師談一談的時候；而且，最好找一位男醫師，這樣他就可以暢所欲言自己的惡夢並且去理解其中的涵義。我們還可以告訴所有的人：七歲的孩子會做一些關於自己父母死亡的惡夢；這樣很好，也很正常，同時是不可避免的。童年必須在孩子自己身上死亡；也就是說，孩子要跟「母乳時期的母親」以及「乳牙時期的父親」永別。也許這就是這位男孩在自己七歲那個階段沒有完成的事情吧！現在透過廣播做這樣的回答已經太晚了，這個孩子需要去諮詢心理治療師。

# 6 嬰兒應該被抱著的——談安撫

這裡有位母親，兒子十八個月大，自從出生開始，幾乎一直反反覆覆有嘔吐的現象，伴隨著新生兒常見的精神緊張的症狀。兒子快十一個月大的時候，被帶到外祖父母家住了十幾天，從那時候起，他就開始用頭去撞自己的小床。如今這種情況出現得越來越頻繁，甚至變成了他對父母施壓的一種方式。孩子知道當自己用頭去撞擊小床時，爸媽立刻就會過來。這位母親還補充說，兒子在九個月大時因為包莖問題做了割包皮手術，他對這次手術一定還留著痛苦的記憶，她寫道：「我很想知道他的這些行為和症狀意味著什麼。是不是意味著孩子想找到某個問題的答案？怎麼解釋他這些錯亂的行為呢？」除此之外，他是個快樂的孩子，也很喜歡玩……

所以說，這些問題是出現在孩子去外祖父母家暫住的那段時間之後，而那段暫住時期正好在包皮手術之後不久……我猜想問題出在關於這場手術，大人沒有協助小男孩做好準備，沒有對他解釋清楚。你們知道的，我常常說，越早跟嬰兒說明實情越好。

大人沒有幫孩子對這場手術做好心理準備，也沒有對他要去外祖父母家暫住這件事做好準備。現在當他用頭去撞床時（也就是說當他半睡半醒，甚至還在睡夢裡時），應該最好是父親（比母親）更常過來安撫孩子，從孩子的後腦勺輕撫到前額，並且對他說：「你知道嗎？你還小的時候，我們曾經把你留在外公外婆家，可是那時候你不知道我們會再來接你。我們沒有跟你解釋清楚，讓你以為自己被關起來了。你以為自己是囚犯，所以現在你就像囚犯一樣去撞護欄。可是，你不是囚犯啊！我們很愛你。而且爸爸和媽媽就在你身邊，都在臥室裡，我現在就在你旁邊呀！」看得出來，這是個早熟的孩子：從母親描述孩子在嬰兒時期有的嘔吐現象，就已經說明了孩子當時需要陪伴，而且是需要特別的人來陪伴，不是隨便什麼人都行的。

藉此機會我要說一下，那些有嘔吐現象的孩子更需要常常被抱在懷裡。在嬰幼兒的教育中（某些兒科醫生也附議），有一種體系是，不要讓孩子養成「壞習慣」，也就是說：不要輕輕搖晃嬰兒，也不要抱孩子貼著大人的身體。可是，就是要這麼做的，就是**應該這麼做的**啊！當然，不可能抱到孩子二十五歲。大人也是慢慢地在改變與孩子相處的方式。但是，一定要讓孩子感受到自己享有完整的安全感。而這份安全感，如果可以這麼比喻的話，只有在孩子可以撞到母親懷裡時才能夠感受得到。在搖籃裡，孩子依舊尋找撞到母親懷裡的需求，然而他撞到的卻是自己的搖籃。因此，大人要做的第一件事情就是，用幾個靠墊把搖籃墊軟……

**他們也是這麼做的。他們還說從此以後，情況已經改善很多了。**

當然！也許應該把小床的護欄拆掉……還應該給這個小男孩講一講他的包皮手術，以及為什麼需要讓他做這個手術。應該由父親向他解釋所有關於男孩子將來生殖力的事情。因為包莖問題，孩子一開始就受到創傷了。不要忘了這個小男孩在出生後的幾個月裡，每次小便都會痛，勃起也會痛，也就是說每天會疼痛七到十次。也因為這樣，孩子會感到非常地不舒服，也就更有必要接受手術。應該把這些事情都告訴孩子，而且孩子現在已經十八個月大，跟他解釋這些已經不算早了。即使只有兩個月大，甚至出生才六天的嬰兒，這樣跟他們說話都不算太早：說出孩子的感覺，說出孩子親身經歷的考驗。告訴孩子，大家會盡全力幫助他，可是，別人不能幫他避免掉他自己必須經歷的考驗。

**您剛才提到了兒科醫師。這裡正好有一封兒科女醫師的來信，她想請您談一談大家稱作「嬰兒腹絞痛」的問題。受此痛苦折磨的孩子其他方面都很健康，但他們哭叫的時間很長，有時候一天甚至可以持續哭叫六到八個小時。**

我想哭成這個樣子的嬰兒，是因為出生時受過創傷，或者因為他對跟母親突然分離比較敏感，也可能是他在母親子宮裡的時候，母親是焦慮的。我們應該做的是，鼓勵做母親的盡量把孩子抱在懷裡，讓孩子貼著自己的身體。當媽媽沒有辦法這麼做的時候，也要跟孩子說說話，把孩子放在離自己工作或者做事情的地方越近越好。當孩子哭的時候，就輕輕搖一搖孩子的搖籃。要是父母以孩子有腹絞痛為藉口，認為熬過去就沒事了，而任由孩子哭泣，不加理會，這樣做其實一點好處都沒有。孩子能夠感受到這個世界，而孩子的世界，就是媽媽，難道不是嗎？當然能夠哭叫，總比不哭不叫忍受痛苦來得好，然而，也不應該讓孩子獨自一人哭喊，而是應該讓孩子聽到一個理解他的聲音，嬰兒是應該被抱在懷裡的。現今的生活習慣不像從前那樣：孩子生活在大家庭裡，有祖母外祖母，還有許多人圍繞著。否則，只要孩子不睡覺的時候，就應該被抱在懷裡。許多孩子啼哭的時候，只需要被抱到懷裡，被搖哄，並且跟他們說說話，也需要母親不那麼焦慮。我們還要去幫助那些對牛奶消化不良的孩子。過去，有許多非常簡單的民間偏方。我曾經給自己一個愛哭的孩子用過，那是一種能夠讓牛奶像母乳那樣的凝乳，改善牛奶造成消化不良的情形。當時是戰爭時期，沒有充分的牛奶供應，而我也沒有足夠的母乳去餵飽自己的第一個孩子，於是含有木瓜蛋白酶的糖漿救了我的孩子。現在已經有非常適合嬰兒食用的牛奶了。

還有另外幾件事情是做母親的很少想到但是可以做的，那就是用手隔著襁褓，溫柔地給孩子按摩揉肚子，這樣做也可以讓孩子腹部不著涼。如果孩子尿床了，也可以給他放上一個熱水袋。這些都是非常重要的小事情。

另外，也別忘了還有一些孩子是真的肚子疼，因為有一些更嚴重的情況即將發生。

還有我再次重申，要用非常溫柔而平靜的語氣跟嬰兒說話，絕對不要對嬰兒大吼「閉嘴！」，因為孩子真的會閉上嘴巴不出聲，只為了讓自己臣服於母親的意願，可是孩子會有更多無法表現出來的焦慮。

**孩子會被嚇壞的，什麼都表達不出來了。**

對！是會這樣的。這樣更糟糕。因此最好是母親可以一邊做飯、做家事，一邊簡單地對孩子說：「哎呀，可憐的小孩，你肚子疼呀……」之類的話。然後，只要媽媽有空，就可以去搖一搖孩子的搖籃，輕輕地揉一揉孩子的肚子，跟孩子說說話。我們能說的就是這些，但真要做起來並不容易。對了，有一個雙胞胎母親的來信，讓我很感興趣，不知道您是不是能把這封信找出來……

**我找到了。凱蒂和大衛是一對七個半月大就出生了的早產龍鳳胎，這位母親說，兩個孩子在新生兒加護病房待了一個半月，她寫道：「孩子快五、六個月大的時候，我不得不連續幾次把他們托給一個托嬰站照顧，每次可以送去那裡三、四個鐘頭……」**

這位母親用的是「托嬰站」這個詞……原來還有類似這樣的地方，孩子可以不用在那裡待一整天，真是太好了。

「……接待的條件也非常棒。然而，到了吃飯和換尿布的時候，發生了這樣的事情：托嬰站的保育員換上白袍子，然後過來抱起孩子，這時候，我的兩個孩子馬上尖叫起來。整個照顧過程中，只要白袍子人員一靠近，孩子就開始持續尖叫……我想，我的孩子一定是把穿著白袍子的保育員，聯想成在醫院新生兒加護病房裡見到的護理師。為了給我的雙胞胎孩子培養信心，讓他們了解白袍子並不意味著他們要與我分離，因此，在家裡給孩子洗澡或者餵奶瓶的時候，我自己也穿上了白袍子。從此以後，在家裡，就再也沒有任何尖叫的反應了。」幾天後，當這位母親再把孩子送到托嬰站，孩子見到保育員的白袍子的時候，再也沒有任何奇怪的反應了。

這個例子恰恰說明了，孩子是多麼需要母親在他們遇到新鮮事的時候幫忙居間做協調啊！

這個案例涉及的不是新鮮事，而是孩子們對過去經驗的恐慌，不願意再回到過去。我要讚揚這位母親向我們展現了母性的直覺和智慧！

# 7 「有人」是誰？——爸爸和媽媽

**有位母親向您請教兩個問題。她有一個三歲的小女兒，非常可愛，可是只要有人要求她做什麼事，她就會哭，從不說為什麼……**

「有人」是誰？這裡說當「有人」要求小女孩做事，「有人」是指母親？還是指其他的人？

**是指母親或是父親吧……**

我之所以問這個問題，是因為這個小女孩或許正處在我前面說過的反抗階段。每當母親想把自己的意願強加給小女孩，她就會想要反抗母親，或者反抗父親或姊姊……對孩子來說，「有人」這個概念根本就不存在——一定要是具體的某某人。信裡提到的小女孩也許是害怕，覺得自己無能為力去做父母要她做的事情（用我們的行話來說，就是這個孩子可能是「受禁制」的，不敢有行動）。也許她曾經有過那麼兩、三次做事情笨手笨腳的，之後就以為自己真的很笨拙。我沒有辦法回答一個太過於含糊的問題。

**在同一封信裡，這位女士還提出了一個比較明確的問題。她在一篇文章裡讀到一位美國心理學家高登醫生（Dr. Gordon）的理論：他從大部分推薦給父母的育兒手冊出發，指出當父母不同意自己的孩子時，在孩子面前要站在同一陣線意見一致。**

這就是一個根本的錯誤。兩個不同的個體不可能總是意見一致啊……

**那當然……孩子很快就會明白這件事吧？**

這主要帶來的問題是，每個人都有權利擁有自己的意見並且支持自己的觀點。大家一起討論，就是會有不同的觀點：無論是父親與母親之間，還是外祖母與母親之間；總之，兩個成年人不會總是意見相同的。孩子能夠聽得出來他們之間意見分歧。我認為父母之間在討論事情的時候，假如孩子在場的話，要提醒孩子說：「你看，我們之間相處得很好，可是我們的想法還是會不同，事實就是這樣。」碰到需要為孩子做決定的時候，有些父母會一個責備孩子，另一個又覺得對方太過分；這種情況下，父母最好利用孩子不在場的時候溝通一下。這類型的父母，通常雙方是同意去更正孩子某件事情的，但是不能由對方去做，只要對方做了，另一方就會表示反對，好像對號入座一樣，認為對方在間接地批評自己「你的教育方式不對……」這是一種唱反調的態度，當這種模式出現在針對孩子的問題上時，孩子就得為父母的討論承擔後果。

## 這是成年人在互相較勁吧？

正是。這種挑釁態度的背後，隱藏著的常常是成年人對性生活的不滿。真是遺憾，可是誰又能阻止這樣的事情發生呢？我認為，最好的做法就是從容面對，並且對孩子說：「你看，就算我們相處得很好，就算我們都愛你，可是我們在很多事情上還是有不同的意見。」然而有些孩子，尤其是四歲到七歲的孩子，很會利用父母之間的不和。比如說，他們會去徵求母親的同意；可是他們已經先去問過父親同樣的事情，而父親是不同意的。這時候，孩子就會用

「可是媽媽同意了呀！」這種方式，讓父母不斷陷入對立。在這種情況下，父母要是意識到了孩子的伎倆，就應該仔細研究一下孩子的問題，並且提醒自己，孩子在尋他們夫妻開心，想讓他們之間發生口角。在伊底帕斯情結的年齡階段，孩子會玩這種三角關係的遊戲。如果我們不留意的話，這個遊戲可能會更加變態，也就是說，站在父母其中的一方去反對另一方，自己不出面，而是讓父母其中的一方去排擠第三方。對於孩子來說，這段時期是非常難受的。

**舉個例子，假如一個父親給兒子解釋什麼事情的時候，用到的詞不是「我太太」，而是「你媽媽」？這一點是否也很重要呢？我曾經聽您提過這一點，可是孩子眞的能夠分辨這兩個用詞的差別嗎？**

是否真的有能力分辨？當然有啊！尤其是孩子七、八歲以後，這一點就非常重要。比如說，在父親面前，當孩子對母親粗魯又沒禮貌的時候，就應該由父親來對孩子說：「在我家裡，我不允許任何人對我太太粗魯或不尊敬！」母親也一樣，當兒子在母親面前說些批評或冒犯父親的話時，母親也應該做出同樣的回應。當然也會碰到父親（或者母親）不在場的時候，孩子對在場的母親（或者父親）說一些對前者中傷或是攻擊的話。孩子一般都會選擇說出那些自己覺得對方（父母中的一方）心裡也認同的委屈和不滿的事情。這時候，聽孩子抱怨的父、母一方應該立刻果斷地制止孩子繼續說下去，明白表示：「聽著，你說的是我的丈夫（而不僅僅是你爸爸）！」或是：「你說的是我的妻子（而不僅僅是你的媽媽）！如果你不喜歡他（她）的話，就到別的地方去。別來找我講這些有的沒的。如果你有什麼事要對你媽媽（或者你爸爸）說，那就直接去找她（他）說出來。我不需要知道你們之間發生的事情。」

很重要的是，父母要知道用這樣的方式跟孩子說話。這不僅僅為了讓孩子感受到父母之間彼此尊敬，同時也讓孩子知道父母之間不會互相監視對方。

然而，也要知道孩子是可能會藉父母一方的名義，找機會單獨去跟另一方談話的。爸媽照著我剛才舉例的方式回答以後，事情就可以很順利地解決了，然後可以說：「你看，我們兩個不常有機會一起聊天，想不想跟我聊聊你自己呀？」也可以說：「要不要我們一起說說話？」等等。我這麼說是因為，孩子常常不知道如何展開對話，他們以為用抱怨父母其中的一方，才能夠得到另一方的傾聽。說穿了，孩子只是想單獨和父母之間其中一人談談心罷了。

**如何跟孩子談論上帝？什麼時候談？這是一個很個人的問題，也讓我們又回到了父母之間意見分歧的問題。**提問的是一位母親，她有一個八歲的女兒；已經離婚又再婚兩年了，而且還生了一個寶寶，現在四個月大。前夫是耶和華見證人，八歲的女兒非常受父親想法的影響，只以善或惡的角度來評斷一切，像是會說：「這是好；這是壞。」或者跟母親說：「如果妳不成為耶和華見證人，就會被毀滅。」這位母親問我們該如何回答孩子：「我有點沮喪，因為我花了很多時間試著擴展孩子的觀念，跟她談思想自由的問題，就是希望能夠讓孩子穩定平衡地長大，而不是只給她非黑即白的兩極化指令。」

我先回答「如何談論上帝？」這個問題。

嗯，很簡單，如果父母是信徒的話，從孩子很小的時候開始，就像對朋友談論上帝一樣，簡單自然地跟小孩說出自己的想法。不用像我們所謂的需要在孩子到「可以理解的程度」；只要讓孩子聽到談論這個主題就可以了。然後，突然有一天，從父母談論的上帝主題裡，孩子自己會有對上帝的直覺，而那就是孩子本身的看法……對於所有重要的事情，也是依照這樣的方式進行的。在孩子面前談論事情，不用特別以孩子為重心，因為，成年人喜歡談論對他們來說是重要的事。

**但是，我們總是會談到孩子理性的年齡……**

早在孩子理性時期以前，上帝的問題就隱隱地出現了。因為，這不是一個理性或者邏輯的問題；談論上帝是一個關於愛的問題，是信教的父母對孩子的愛的主要保證。有一件重要的事情是——永遠不要在懲罰裡加入上帝。因為對於信徒來說，會懲罰人的上帝是不存在的；上帝是人類完全的良善與理解。好啦！這就是針對一般問題所回覆的一般答案。

**什麼時候跟孩子談論上帝呢？隨便什麼時候都可以嗎？想談就談嗎？**

是啊，想談就談啊。而且，就用母親平常談論事情的方式。當母親快樂的時候，會用某種方式談論上帝，當母親悲傷的時候，也會用不同的方式談論上帝；她會向上帝祈禱，她會讚美上帝。就像這樣，像平常一樣。孩子會接受，也可能不會接受，都沒有關係。母親只要繼續做自己就好。

**再來看看這位母親的信，她因為小女兒以善惡判斷一切而有點沮喪……**

她可以對孩子說：「妳把我弄糊塗了。但是我了解，這是妳父親的宗教信仰，妳也同意他的看法。妳是他的女兒，妳可以有跟他一樣的想法。」而當孩子對她說：「妳會被毀滅」的時候，做母親的也不用太擔心，因為這個年紀的孩子，很喜歡對自己的母親說這一類的「狠話」。七、八歲的時候，孩子會有需要說：「嗯，媽媽，在生活裡，妳沒有像我那麼重要。」這是很正常的。這位媽媽只需要回答：「我知道這樣回話會傷害妳；但是我有信心，因為我已經盡力了。妳就幫我向妳的耶和華祈禱吧。」就像這樣和和氣氣地說，絲毫不用批評父親的信仰。孩子會覺得自己完全有權利擁有父親的信仰。慢慢地，她也會尊重自己的母親，正因為母親表現出來的寬容大度。

**我想提醒您，這位母親已經再婚兩年了。女兒現在八歲；父母分開時，她六歲。小女孩的態度會是因為這個原因嗎？**

當然囉。小女孩很高興能把自己爸爸的影響力帶進這個新家來……尤其是還有另外一個孩子……小女孩可以宣告：「我，我有**我的**爸爸！」就像這樣，她夾帶著父親的信仰來支持自己競爭的欲望，**顯示**自己跟同母異父的小弟弟之間的不同。也可以說，她在試水溫，在表達自己對母親（和繼父）愛的矛盾心理。這有什麼不可以呢？

# 8 心理臍帶的割捨及雙胞胎的養育——不斷重複出現的問題

有一些問題總是不斷重複出現，首先就是母親陪伴在孩子身邊時間過久的問題。

一位母親提到自己有三個孩子：一個十四歲的兒子、一個七歲的女兒和一個四歲的小女兒。這位小女兒給母親帶來不少麻煩，她寫道：「我懷著小女兒的時候，就停止工作了。所以說，她是在最好的情況下被撫養長大的，因為我一直都在身邊照顧她。可是，她卻變得越來越難帶，還把大家的生活搞得一塌糊塗。我試著去了解她，也試著耐下性子，可是她讓我沮喪、惱怒又精疲力盡……最近一段時間以來，她會打姊姊，然後，咬自己來自我懲罰。不過，當她單獨和我或者單獨和姊姊在一起的時候，就非常乖巧可愛。這樣的情形可以持續好幾天，可是，只要有另外一個人加進來，她就會變得讓人無法招架。我推測她這麼做是為了讓我們以她為主。我不敢再邀請她的小朋友來家裡了，因為總是會出現生氣、哭鬧的場面。可是，當我試著冷靜地向她解釋這些行為的時候，她卻回答：『好吧，我們來試著乖乖的吧！』可惜的是，這樣的情形從來都不能持續很久。我有些失望自己沒有辦法教育好她。」

我想這位母親一年前就應該重新開始工作了，我不明白她為什麼還沒有開始工作。當小女兒說：「**我們**來試著乖乖的吧！」好像她覺得並不是只有她一個人要變乖，而是三個人都要試著聽話；然而，她只有在兩個人相處的時候，才能相安無事……另外，這封信裡面完全沒有提到父親，也沒有提到當小女兒打姊姊或者生姊姊氣的時候，姊姊會不會對妹妹兇。我不太了解，為什麼這位七歲的姊姊被妹妹打了，卻不自衛呢？正因為這樣，妹妹打完姊姊之後，只好去咬自己，因為她發現在她面前，母親很鬱悶，而姊姊又像個受氣包。我不認為小女兒是這個家庭裡問題最嚴重的：我感覺這位母親想要為小女兒做太多的事情，想要照顧她太長的時間。小女孩是唯一受到母親全職照顧的，其他孩子小的時候，她並沒有停止工作。這就是一個「被寵壞」的孩子。或許，姊姊認為自己比較沒有權利得到母親的愛；會不會就是為了得到這份愛，而任憑妹妹打她呢？

## 姊姊這麼做，也是為了贏得母親的愛……

是的，但也正如俗話所說的弄巧成拙！現在，這位母親也應該要重新開始自己的生活了，也許她需要重新工作，擺脫自己對小女兒的依賴。不過，這個小孩真的是有問題，七歲的姊姊也是。還有，還有……兒子和父親在這裡又扮演著什麼樣的角色呢？當母親沮喪的時候，家裡最有活力的孩子總是會讓人受不了。就像是震耳欲聾的警鈴，是一種不讓母親陷入憂鬱的做法。似乎是孩子不想看到有人陷入憂鬱的狀態，所以刻意搗亂或喧鬧，讓家裡重新有活力起來，否則就像生命力不夠一樣。

母親自己最好去看一下精神分析師，試著搞清楚自己憂鬱的原因和理由。我認為，問題首先是來自這位母親，還有這位姊姊，在面對看起來張牙舞爪的妹妹時，沒有好好捍衛自己。一家人都太小心翼翼地撫養妹妹了，為妹妹做的太多；現在妹妹已經受夠了。大家在面對妹妹時，沒有人能夠抗衡她的挑釁。這位母親應該重新振作起來，重新開始工作。另外也要告訴姊姊，不要再一味地忍讓妹妹，也不要再過於像母親一樣去照顧妹妹了。這樣的話，一切都會回到應有的秩序裡。特別是，當父親或祖父外祖父來照顧小女兒的時候，不要讓她為所欲為。這個小女孩之所以會用「我們」，而不是說「我」，正是因為受制於自己的渴望，這個渴望與性別毫無關係。她深受其苦，也讓別人受苦，所以才感到內疚。「她」在呼號求救，結果是「我們」吃不消！

**關於重新工作的話題，也有個問題常常重複出現，那就是「育兒母職薪資」[7]的問題。許多女性因為最單純的生計問題，而不能留在家裡照顧孩子。在您看來，育兒階段應該是限制在某一段時間內吧？**

是的，如果我們把這段照顧孩子的期間，解釋為家裡必須一直有一個人在的話，那就是要到孩子學會「走路靈活，說話流利，身體運用自如」，也就是孩子二十四個月到三十個月大的時候，最遲到三歲。我個人是完全同意給留在家中照顧孩子的母親設立一份薪資或補助，直到孩子兩歲半到三歲為止；也可以是父親留在家裡照顧孩子，為什麼不可以呢？至於那些比其他孩子來得脆弱的小孩，也可以有一些例外的做法。依照每個孩子不同的狀況，來確定幾歲開始可以早上晚上去托兒所。一旦孩子自己可以活動自如，並且知道怎麼跟別的小朋友相處，也就不需要總是跟母親在一起了。養育孩子並不是完全投注在孩子身上而忽略自我，更不是忽略自己的伴侶、忽略其他的孩子以及社交生活。

這裡有兩封表達反對意見的來信，是關於雙胞胎的……這兩封信截然不同，其中一封來自一位同卵雙胞胎的女聽眾，她寫道：「我不知道為什麼所有的醫生、所有的精神醫學專家和所有的社會學家都堅持認為，絕對要把雙胞胎分開。我一點也不同意這樣的觀點。」她完全有資格這麼說的，因為她本人就是同卵雙胞胎中的一位。她還說到姊妹之情：「我之所以跟您講這些是為了告訴您，我的觀點是，沒有什麼比深厚的姊妹之情更美好、更令人愉悅的事情了。我想，這份愛只可能存在於同卵雙胞胎身上。所以，為什麼要把雙胞胎分開呢？為什麼要剝奪雙胞胎之間的這份美好呢？另外，我有兩個兒子，分別是十四歲跟十五歲。兩個人整天都在吵架，眞讓我絕望。他們兩個之間年齡差距很小，所以我幾乎是像對待雙胞胎一樣養大他們的。」因此，她對孩子們的反應很驚訝……

「姊妹之情」是存在的。無論這位女士跟自己的姊姊或妹妹是不是雙胞胎姊妹，她還是會愛她的姊姊或妹妹的，她的姊姊或妹妹也會愛她的。有許多姊妹都互相愛著對方，並不需要是雙胞胎才會彼此相愛。不過或許在雙胞胎這種情況下，兩人長得就像彼此的複製品，對雙方關係是有助力的。總之，像這位女士的兩個兒子，在年紀只差一歲的情況下，最好還是不要把他們當作雙胞胎來養育。

不過，這位女士倒是沒有說起自己的夫妻之愛……

**您剛才用了——我重新說一次——「姊妹之間」（法文：sororal）這個詞？**

是的，「姊妹之情」！我用「sororal」來指「姊妹之間」。法文不能這麼說嗎？可是我們不能用「fraternel」（兄弟之間）來形容姊妹之間的事啊！

女孩子很喜歡出雙入對，在家裡相處得也很好，除非到了長成少女、相互爭奪同一個男人的時候……男孩子之間，無論是年齡相近、雙胞胎或是朋友，他們的關係都不會像女孩子之間那麼緊密。補充一句：一生之中，兄弟姊妹之間的感情也可以是真實且不曖昧的。

現在來看另外一封信，是一位母親寫來的：「我曾經聽您講到雙胞胎的時候提過，應該讓他們穿不一樣的衣服，可是我覺得事實證明剛好相反。我生了一對龍鳳胎，也總是採用個人化的養育方式。當他們在同一個遊戲圍欄裡的時候，女兒總是咬兒子；接著，我把他們分開，放到兩個不同的遊戲圍欄裡，可是女兒總是有辦法靠近兒子玩耍的圍欄並且咬他。」後來，這位母親又有了另外一個孩子，女兒就一直去咬最小的孩子。這位母親說：「有一天，我讓孩子穿上同樣的衣服——我終於讓他們都穿得一模一樣。就像養育雙胞胎的常見方式，把他們當作三胞胎。結果，一切問題都消失了，完全平息下來……在某些特定的情況下，只有父母才眞正知道該怎麼做。我們不應該試圖培養『標準兒童』，把自己的孩子強行擠進一個理想兒童的模具裡。我們現在只傾向於從書本裡、電影裡或其他方面去了解事情……」

是啊，甚至只聽我的節目！這位來信的母親說得對，每個人都要為自己的問題尋找答案。這是對的，沒有所謂的「標準兒童」。這個咬她兄弟的小女孩，是被單一性別的制服給唬弄了！

**所以，就是這兩封信，針對您曾經解釋過的內容表示不同的意見……**

不，這兩封信提出的是個別的案例，指出運用其他的解決辦法，也是可以奏效的。

而且，我已經強調過了：非常感謝所有花時間寫信給我、對我的答覆提出異議的聽衆朋友。希望父母親能夠了解，我回信的思維方式是借助來信所提供的要素，思考問題的每一個細節，也試著跟大家一起思考；但是，不以當事人本位去思考問題。如果父母在面對我們已經敘述過的類似難題時，不是採用我的建議，而是用別的辦法成功地解決了問題，那麼我會很高興能夠把他們的見證經驗與大家分享。這樣可以幫助其他的父母，也正是我們節目的目的。

7 譯註：「育兒母職薪資」曾經是當時法國國家立法政策討論的一個議題，希望國家能夠給付全職家庭主婦一份育兒薪資。然而，這項提案從未通過。「育兒母職薪資」提案不同於法國從一九三二年至今施行的《家庭補助津貼》法案。

# 第5部

# 爸媽怎麼教

1

# 關於孩子的大小便習慣

這次我眼前有一個案例，來信的是一位五個孩子的母親。我總結一下這封長信的內容，這位母親最大的孩子十歲，最小的二十五個月。來信的內容其實是關於如何讓孩子學會大小便習慣的問題。這位母親利用自己的五個孩子做了五個不同的實驗：對老大，她經常給他用寶寶便盆，當老大弄髒尿布或者拒絕用寶寶便盆的時候，母親便會責備他；對老二……

好，不過是從幾歲開始的呢？她沒有提到嗎？

好像有提到。不過，還眞的要把來信的細節再讀一下才行。

主要是想知道老大的情況；其他幾個孩子會以老大做榜樣。

找到信了！「我是五個孩子的媽媽，孩子出生的間隔很接近。大兒子現在十歲，最小的孩子二十五個月。老大和老二只相差一歲。和許多母親一樣，我迫不及待地希望大兒子盡早不再尿床，尤其是他的妹妹和他年歲相近。那時候，我很積極地給他用寶寶便盆，一有空就拿給他用，有時候甚至每小時一次。當他無法用寶寶便盆大小便，又弄髒尿布的時候，我就會生氣地罵他。這樣子奮鬥了一年，如廁訓練終於成功了：剛滿兩歲時，白天大小便乾淨了；兩歲半時，夜裡也不會尿床了。就這樣，也沒什麼好驕傲的。」第一個孩子的情況就是這樣。接下來，她把做事的順序顛倒了一下：像是她會給孩子用寶寶便盆，但不會責罵孩子；或者是她會責罵孩子把尿布弄髒了，但不會給孩子用寶寶便盆等等。直到最後一個孩子，她對第五個孩子採取的是完全自由放任的方式，從來不會給孩子用寶寶便盆。最後得出的結論是：她所有的孩子從兩歲起，白天大小便都能自如；兩歲半開始晚上也不尿床了。

這很有意思，也很有教育意義，謝謝這位母親為我們提供的實例。

她還補充道：「我想，一點也不需要不惜一切代價地訓練孩子大小便。」

我想這段經驗談，能夠讓許多因為寶寶大小便問題而萬分擔憂的母親們安心不少。我還想說的是，這位母親真是幸運：自己的大兒子沒有繼續尿床，因為她太早開始訓練兒子如廁了。孩子差不多要到兩歲的時候，也就是當他可以自己上、下小梯凳，並且可以在爬到最上面一階時，雙手抓緊扶手——也就是從這個時候開始，孩子的神經系統已經發育成形。只要孩子專心，是可以控制自己大小便的。在此之前，孩子是沒有這種能力的。這位母親一年後又有了另外一個孩子，我想老大應該很得意，能夠把母親的注意力從老二身上轉移到自己的屁股上；也正因為如此，母親會完全特別地照顧他。

我認為這位母親在不知情的狀況下做了一件很聰明的事，因為老大在第二個孩子出生後以這種方式繼續壟斷母親的注意力。其他的孩子就以老大當榜樣。之後出生的孩子只要他們有辦法，都想做得跟老大一樣好。當然啦，女孩在二十一個月大以前是不可能做到白天控制得住大小便，男孩則是二十三個月大以前不能做到白天控制得住大小便的。男孩開始有能力控制大小便的年紀比女孩來得要晚一些。不過，有個問題得提出來，就是和其他的孩子相比，這個老大長大以後會不會變得有點過於完美主義？或者比較拘謹？或者在動作上柔軟度會比較差呢？如果沒有這些情況，那就太好了。儘管如此，浪費這麼多的時間在寶寶上馬桶這件事情，真是太可惜了。更何況，還有其他好多的事情可以做呢，例如訓練孩子手、嘴、語言的靈活度，以及全身的活動能力；也就是說，孩子能夠靈活使用雙手，動作也很協調，姿勢收放熟練自如，能夠既自在又放鬆地活動。等到孩子說話能夠說得很好的時候，他自己就會樂意控制大小便，學著像大人一樣上廁所了。藉此機會，我要說一下，母親永遠不要把便盆放到廚房裡，或是孩子的臥室裡；便盆應該永遠放在廁所裡。除非，夜裡或者是冬天天氣實在太冷的時候——否則孩子都應該去廁所大小便，絕對不應該在起居室或是吃飯的地方如廁。

# 2 孩子說「不」，才「會」去做——談順從

我手上這封信提到關於家長威信的問題。信裡問：「我很想知道從幾歲開始，可以要求一個孩子順從，像是要孩子整理玩具、留在餐桌上把飯吃完、上床睡覺、停止玩耍、把門關上等等。」這位女士有一個兩歲大的孩子，她說：「我一整天都在想辦法怎麼讓孩子聽我的話。因為從幾個月前開始，孩子進入了一個慣性說『不』的階段，而且表現得越來越明顯。」

這個孩子正在調整自己嬰兒時期的心理狀態，也就是說，在嬰兒時期，母親叫他做什麼他就得做什麼。以前，他一直都是母親想要他成為的樣子；因為，母親和他曾經是合為一體的。而現在，孩子卻需要從「我—你」之中區分出「我—我」，這樣做，他才能成為與母親

同等的「自我」。如果母親能理解的話，孩子說「不」的這個階段，其實是有非常正面意義的。孩子**說**「不」，是為了去**做**要求他做的事情，也就是說「因為你要求我這麼做，所以我說『不』」，而立刻的反應是「不過，其實**我自己**還挺想做這件事的。」

母親可以多多協助孩子，可以對孩子說：「你要知道，如果你爸爸在的話，我想他也會對你這麼說的。」母親不要太強硬，幾分鐘以後，孩子就會去做了。他會去做，是為了成為「男人」；不想停留在如同小狗、「小寶寶」一樣讓主人指使的「小孩」階段。這個孩子，正處在隨時都可能說出「我……我……」的時候。這對母親來說，是很不舒服的，可是，卻是非常重要的一段時期。

這位母親還說到「整理」一事。事實上，孩子在三歲半或四歲之前，是沒有辦法好好整理東西的。一個過早開始整理東西的孩子，可能會變得有強迫症……

**怎麼說呢？**

意思是，這樣的孩子長大以後會「為了做事而做」——也就是說，只按照某種慣例去做事情罷了，而不是因為這些事情「有意義」而去做。這樣的人不再具有生命的活力，因為他們就像是服從於另一個事物的東西一樣。至於整理東西的作用，父母很清楚，可是，孩子是完全沒有概念的——因為對孩子來說，越是雜亂無章，越會讓他們感覺有生活的權利。孩子玩耍的時候，會搞得亂七八糟，這是必然的。因為他們還沒有「**自己的秩序**」——而「**自己的秩序**」要到七歲才會形成。儘管如此，孩子還是可以在四歲開始學習整理，尤其如果是需要整理的話，母親可以對孩子說：「好！現在，在做別的事情之前，我們來整理一下吧。你來幫幫我。」母親可以做四分之三的整理工作，孩子做剩下的四分之一。雖然不是出於自願，但他還是會做；一段時間以後，要是孩子看到父親也整理東西的話，那他就會主動參與了。不過注意！如果男孩的父親從來都不整理東西的話，這些男孩子是很難成為「**整理達人**」的。兒子是需要父親協助整理東西的，比如父親可以對兒子說：「你看，我小時候沒有學怎麼整理東西，現在讓我很頭大，常常找不到東西。你媽媽說得對，你應該試著成為一個比我更會整理東西的人。」有一個既定的事實是：男孩子不擅長整理，正是因為當他們小的時候，只有母親要求他們整理東西，而父親卻從來沒有參與協助：或者以身作則整理東西，或者透過言語溝通讓男孩了解，雜亂無章會給日常生活帶來的麻煩。

**剛才提到其他的問題，像是留在餐桌上把飯吃完，或是上床睡覺呢？如果孩子就只說了一句**

## 「不」而不去做，該怎麼辦？

可是，不睏的時候，強迫人家去睡覺是不太好的！對於父母來說，重要的其實是能夠在晚上某個時間點開始不受干擾。這個時候，應該跟孩子說：「好了，現在不要再打擾**我們**了！**我們**想安靜地休息了。回你房間去，等睏了就睡覺吧！」這麼說就可以了。孩子會去睡的，不是因為我們要他這麼做，而是有睡意的時候，他自然就會去睡了。或者也可以先讓孩子在地毯的一角睡去，在一個不容易著涼的地方睡個一、兩個小時之後，父母再把孩子抱到他自己的床上就可以了。日常生活的步調，應該由孩子自己學著運作。如果是由母親掌控並且決定一切，結果會是：孩子的身體不再屬於他自己，而是依然歸屬於大人的掌控。這對於培養孩子學習自主，是非常危險的。

另一封信也是關於家裡晚上發生的一些小問題。這位母親寫道：「我有一個十四個月大的磨人精。在他八個月大的時候，就曾經因為不想睡覺，弄斷了嬰兒床的欄杆，從床上爬下來，敲打房門。現在他十四個月大了，又找到了另一套做法：他經常在家裡的落地窗前睡覺，最後就在地上睡著了。我們不想打擾他，就在那裡放了一塊稍微厚一點的地毯，免得他著涼。奇怪的是，自從我們放了地毯以後，他就越來越少去那裡睡了。」這位母親想問的是：「這樣的一個角落，有什麼吸引孩子的呢？是落地窗外面的風景，還是街上的燈光呢？也可能是那裡涼爽，因為這個孩子一點都不喜歡蓋被子，他總是不斷地踢被子。而為什麼自從那裡放了地毯以後，他就比較少去了呢？」

這有一點複雜。我想，就算是母親沒有在那裡放上地毯，過一段時間之後，孩子還是會這麼做的。一開始孩子去那裡，是朝著一個對他來講像是出口的地方；比如說，他很想上街走一走。既然他還沒有睡意，為什麼不能上街走一走呢？孩子走到窗邊，也許是因為那裡可以看到某些東西。他只是找點別的事情做做罷了。他自己還不會閱讀，也不會看圖畫，所以，他就去看那些會動的東西，也就是活生生的東西……

孩子上床的時候，不要在他們睡著以前整理掉他們的玩具。應該先陪孩子上床，之後再去收拾玩具。因為，玩具是屬於孩子的一部分……孩子要睡了，因為玩具也要睡了。讓這個孩子了解，生活還在繼續；慢慢地，孩子會習慣自己的生活步調，也會習慣自己休息及睡眠的需求。再過一段時間，他會自己跑上床。目前，他把小床的欄杆弄斷了，這樣也好，因為他已經不再需要了。

**才八個月大，這個孩子力氣就這麼大了！**

是啊，他力氣是很大！一旦孩子開始爬上爬下，就應該在他的小床旁邊安放類似階梯的東西，像是椅子、小板凳等等，方便他能夠跨過床邊的護欄，從床上爬下來。其實對一個不睡覺的孩子來說，沒有什麼比覺得自己像被關在牢籠裡更糟糕的事情了。尤其是對獨生子女來說，就更困難了。要是同一間臥室裡有兩、三個孩子一起睡覺，那就太好了，因為他們會一直玩到第一個孩子睡著了的時候。

**您能再談談關於孩子說「不」的這個階段嗎？**

對於比較早熟的男孩來說，說「不」的階段，大概在十八個月大左右；其他的孩子在二十一個月大左右……這段時期要學著尊重孩子，而不是跟孩子對立。孩子說「不」的時候，不用回答什麼。過一下子，孩子就會去做母親要求他做的事情了。

**這裡又有一個家庭用餐的問題。寫信給您的是一位母親，她有三個孩子，最大的是女兒，五歲。從女兒很小的時候開始，對於怎麼教導大女兒好好地坐在餐桌前吃飯這件事情，她和丈夫頗**

有歧見。她寫道：「我認為，丈夫對這個年紀的大女兒，要求太高了：他要大女兒身子挺直，手肘貼著身體，吃東西的時候嘴巴要閉緊，不能發出聲音。而我比較傾向應該要分階段一步一步來，應該等大女兒能夠達到某個要求之後，再進行下一步，再做進一步的要求。週間，孩子都在廚房裡吃飯；但是到了星期天，因為丈夫在飯桌上會對大女兒不斷地批評，讓全家人都難以下嚥。吃飯的時候，如何才能眞正兼顧到餐桌禮節教育，又能保有用餐的愉快氣氛呢？我們到底能夠要求一個五歲的孩子做到什麼程度呢？難道不應該再等一等嗎？」她還寫到另外一個非常重要的現象，就是：「我丈夫會拿用餐的叉子去敲打女兒，當然是輕輕地打。」這位母親又補充道，丈夫是個模範爸爸，常常和孩子們玩，也很愛孩子，很關心孩子的課業學習，還會給孩子唸故事書……但是，用餐的時候，他的做法還是有點近乎歇斯底里……

真是可惜，我們只接到了這位母親的來信，但是，卻不知道這位父親的看法。我得說這位已經五歲半的小女孩，應該可以完全像大人一樣吃飯了。有可能是因為母親讓孩子們在廚房裡單獨用餐，而沒有教育孩子們怎麼好好吃飯。其實孩子在三歲的時候，就可以像大人一樣好好地吃飯了。我想在某種程度上，這位父親是希望女兒的吃相可以好看；他用餐叉刺女兒，是想讓女兒能夠真正地做到完美——想必是因為他非常喜歡這個女兒，而女兒應該也能感受到這一點。我在想，這一切是不是主要還是來自於這位母親的焦慮？難道這個小女孩沒有故意在演戲？這個小女孩其實能清楚地感覺到，父親和母親因為她吃飯這件事而不和。與其在吃飯時發生種種火爆的場面，我建議這位母親不如趁某天父親不在家的時候，單獨跟女兒說：「聽著，我們來商量一下，怎麼讓妳能夠好好地吃飯。妳爸爸說得對，妳應該要好好吃飯。在餐桌上，妳爸爸就只注意管妳，這件事情可能讓妳覺得好玩，可是我卻一點也不喜歡這樣！如果在吃飯的時候，我們可以聊聊別的事情，氣氛會愉快很多。」

這家人吃飯的時候，好像開戰一樣。對母親來說，這樣非常不好，而對女兒來說，沒什麼好，也沒什麼壞的；這些實在沒什麼。也可以這麼說，因為女兒得到了父親對她的特別關注，她打敗了母親。比較讓人煩惱的是，一家人從此無法再享受家庭用餐的時刻。所以，母親應該去跟女兒解決這件事情。我認為不出一個星期，這個小女孩就可以學會好好地吃飯了。

如果可以的話，我想說一下我個人的看法，我覺得「好好吃飯」跟「軍隊用膳」之間的差別應該還是滿大的吧……我們是不是眞的可以要求一個五歲大的女孩，不光要規規矩矩地吃飯、不能說話、還要閉著嘴巴咀嚼呢？這對於孩子的教育眞的很重要嗎？

之所以重要，完全是因為孩子的父親這麼要求……

### 是不是可以不要把這件事情看得太重要呢？

如果這位父親對吃飯這件事情，只著重在一些基本該注意的事，我肯定小女孩早就已經好好地吃飯了。她激怒父親、引起衝突，對一個五歲的孩子來說，看到父母親因為自己起爭執，是很好玩的。即便母親不說出來，女兒也能感覺得到；最後，她才是飯桌上的女王，因為，父親只注意她一個人。我在想，這位母親是不是可以找個機會單獨跟丈夫談談，當然是在吃飯時間之外，而且不是當著孩子的面。對丈夫說：「如果讓孩子們在我們之前用餐，甚至週末也是這樣，一直到大女兒能夠完全好好地吃飯為止？」不過，餐桌上發生的這些情況說不定丈夫覺得很好玩呢！我也不能確定。這是另外一個問題，也就是父親這一方的問題，他沒有寫信給我們，也沒有任何抱怨。他和女兒就像一對唱作俱佳的丑角，每頓飯都上演著同樣的戲碼。

我本來想向您提出的問題是：孩子是不是會有一段說髒話的階段？我向您解釋一下：一位母親有三個孩子——兩個兒子，一個七歲、一個四歲，還有一個三歲的女兒——給我們來信寫道：「就我個人而言，我對髒話並不特別敏感，可是在公眾場合講髒話畢竟還是有點尷尬，譬如在眾人面前，聽到孩子在公寓裡走來走去，張口說著髒話。我們家並沒有說髒話的習慣，所以，孩子說髒話是從學校學來的。」她還補充道：「最近孩子學到的髒話是『他媽的！』。自從學會以後，孩子就不停地說：『他媽的！他媽的！他媽的！』。之前流行的是『屁啦、狗屁、狗臭屁、痾臭臭』，好像已經過時了，在我看來每個髒話都有使用期限……我該怎麼做呢？應該裝做沒聽見嗎？」

對一個孩子來講，說髒話會讓他覺得**很有存在感**——這太帥了，因為一下子就可以是個大人了。這就跟在牆上寫髒話是一樣的道理：一旦孩子會寫字，寫髒話這件事對他來說就會變得很棒。比如應該跟孩子說：「是嗎？你都知道些什麼髒話啊？」孩子吐出四、五個髒話，很快就說完了。那麼父親可以接著說：「你就只知道四、五個啊？聽好啦！多學點髒話，在學校，是要有新點子的。」然後，假如父親知道的髒話也都說完了，那麼父親可以隨便發明一些髒話，並且馬上說：「這些髒話，到學校去說；在家裡，你就得跟父母一樣不說髒話。不過，這些髒話你一定全部都要知道。如果你不知道怎麼寫，我可以寫給你看。」孩子會因此非常高興，當他和同學在一起的時候，是允許說髒話的，因為這樣做會讓他**很有存在感**。但是，在家裡，就要有在家的樣子。每個屋子、每個家，都有它自己的風格。

當孩子在自己的房裡並且關著門的時候，母親是不該在門上偷聽的！孩子的房間就是他自己的小世界。不過，要是碰巧遇到這種情況——孩子在外人面前說了髒話，應當對他說：「這裡，當著大庭廣眾面前，你要表現得像大人一樣；不然，你看起來就會像個小寶寶。」當孩子**真的需要**把髒話發洩出來的時候，母親可以說：「你去廁所說髒話好了，所有的髒話都在廁所裡說完！去吧！別客氣，到廁所裡好好發洩一下。」做母親的一定會覺得非常驚訝：聽到孩子在廁所裡把所有的髒話大聲吼出來之後，看到孩子一臉滿足的樣子。這是因為**孩子需要**把髒話說出來。也有一些被稱作會「頂嘴」的孩子，那麼母親反擊的方式應該是：「你知道嗎？我什麼都沒聽見，我耳朵裡裝了濾網！」孩子不會上當的，他們知道母親的回答是——說髒話其實不好。正因為母親用聰明的辦法讓孩子聽懂了，孩子以後會為此感激她的。

# 3 是真是假——真有聖誕老人嗎？

我這裡有一個關於聖誕老人的問題。有位父親想問您對於這個傳說故事的觀點：「我們是不是應該讓孩子相信聖誕老人的故事？相信小老鼠會拿走掉下來的乳牙的故事？[8]還有復活節彩蛋的故事呢？當學校有同學告訴孩子眞相之後，孩子突然間意識到了父母對他說謊，那麼如果父母給孩子解釋聖誕老人的象徵意義，是否就足以補償孩子失望的心情呢？」

我想真正的問題不在這裡。孩子非常需要詩意，大人也是；因為大人也仍然盼望著能夠慶祝聖誕節，對不對？什麼才是事實呢？聖誕老人為大家帶來很多商機，對不對？當大家賺了很多錢的時候，看起來就像真的了，不是嗎？我想這位來信的先生擔心的是，因為孩子相信有聖誕老人，所以對孩子講起聖誕老人就好像在騙小孩似地。可是傳說故事本來就帶有詩意，而詩意自有它真實之處。當然，也不應該讓孩子繼續深信不疑太久；也不要對孩子說，如果不聽父母的話，聖誕老人就不會送他禮物之類的。

如果父母「加油添醋」，對這個故事擺出一副比孩子還深信不疑的樣子，那孩子就無法對父母說：「你知道嗎？同學跟我說聖誕老公公是不存在的。」所以父母應該在這一天到來的時候，向孩子解釋一下傳說故事與真實人物的區別。真實人物是被生出來的，會有父母、國籍，會長大，也會死亡，而且，就像所有的人一樣住在地球上的一間屋子裡，而不是住在雲端上。

**我得跟您補充一下，這位提問的聽眾非常反對聖誕老人這件事，尤其反對出現在大街小巷裡假扮的聖誕老人。**

或許這位聽眾正是因為那些假裝成聖誕老人的活老百姓，才覺得真正的聖誕老人不再那麼詩情畫意了。他以前相信的那個聖誕老人，只會在聖誕夜裡出現，而不會讓人在整個十二月的街頭巷尾都能撞見。這種做法讓他很火大。或者恰恰相反，也許這位先生的心裡，已經沒有多少詩情畫意了。總之，我不知道你們是不是還相信有聖誕老人的存在；無論如何，我還是相信有聖誕老人的。既然大家都知道我是歌手卡洛斯的母親，我可以跟你們講一件事情：炯恩（Jean，卡洛斯的真名）還在幼兒園的時候，有一天對我說：「怎麼會有這麼多的聖誕老公啊？有藍色的，有紫色的，還有紅色的！」當時我們走在街上，到處都是聖誕老人。於是我就對他說：「你知道嗎？我認識那邊那個聖誕老公公，他是某某人假扮的。」有一個是玩具店的員工，也有甜點店的員工，假扮成了聖誕老人。我說：「你看，他假扮成聖誕老公公，另外一個聖誕老公公是商店售貨員假扮的。」於是他問我：「那真正的聖誕老公公呢？……」我回答他：「真正的聖誕老公公只存在我們的心裡，就像一個我們想像出來巨大的精靈。我們小的時候，只要一想到精靈或是巨人是存在的，就會很開心。你也知道小精靈是不存在的，童話故事裡的巨人也是不存在的。而聖誕老公公不是生出來的，他沒有爸爸、也沒有媽媽，不是真正活著的人。他只活在聖誕節，活在所有想給小孩子驚喜的人們的心裡。所有的大人都很遺憾自己不再是小孩子了，所以他們才喜歡繼續對孩子說：『是聖誕老公公！』小時候，我們並不知道如何分別真正存在的東西，跟那些只存在我們心裡真實的東西。」兒子聽完了我的話，對我說：「那麼聖誕節的第二天，聖誕老公公不會坐著雪橇和麋鹿一起離開囉？也不會飛到雲裡面啦？」我回答：「不會的，因為他在我們的心裡。」兒子又問：「那如果我放上鞋子，他就什麼都不會給我了嗎？」[9] 我問：「誰什麼都不會給你？」

兒子說：「我的鞋子裡呀！什麼都不會有了嗎？」我說：「當然會有的啊！」兒子問：「那會是誰來放禮物呢？」我笑了笑。兒子說：「會是妳和爸爸嗎？」我說：「當然啦。」兒子又問：「那麼我也可以當聖誕老公公嗎？」我回答：「當然啦，你也可以是聖誕老公公。你爸爸、我，還有瑪麗，我們會放上鞋子，你就可以把東西放到裡面啦。這樣你就知道，對別人來說，你就是他們的聖誕老公公了。我嘛，我會說：『謝謝聖誕老公公！』而收到感謝的人就會是你。但是，我會裝作什麼都不知道。我也不會告訴你爸爸，是你放的禮物，那會是個驚喜！」兒子聽了以後，非常高興和興奮。散步回家後，他對我說：「現在……我知道聖誕老公公並不真正存在了，但是有聖誕老公公真是太好了！」

孩子的想像力與詩意，不是輕信也不是幼稚，而是另一個層面的智慧。

8 譯註：源自法國民間傳說。孩子掉乳牙時，要把它放在枕頭底下。夜裡入睡以後，小老鼠會把乳牙取走，然後在枕頭底下給孩子留一枚錢幣。

9 譯註：法國聖誕節傳統習慣是，在聖誕樹下或者壁爐前放上自己的鞋子，等待聖誕老人的禮物。

# 4 我們會死，因為我們活著

我們沒有辦法答覆所有的來信，因為實在太多了。而且，有一些來信詢問的內容也大致相同，所以我們只回覆那些陳述得最清楚的信。我希望透過這種方式，讓提過類似問題的聽眾都能夠得到答覆。就像節目一開始時所說的，一個問題不是只限定在一個答案裡，也不是只有唯一一種可能。我自己有的時候也只是提出一些觀點，或者是我個人和孩子相處的模式。正因為如此，我很喜歡那些持「不同意見的來信」。有些母親來信寫道：「我用的是別的做法，而且很見效。」這非常有建設性，因為，這是另一種類型的母親，用我沒有想到的方式解決了育兒的困境；因為必須說，孩子提出的問題，可以讓我們深刻地反思自己。我們總是只在自己父母對待我們的方式裡，尋求解決的辦法，或者採取與自己父母相反的做法。一般來說，初為人父母一開始都是這樣做的。但是其實我們應該要能夠做到去觀察每一個孩子，發現孩子個別的天性，並且，以最適當的方式協助孩子渡過成長的難關。

**有一封來信的主題關係到我們所有的人，那就是死亡。如何跟孩子談「死亡」這個話題呢？來信的女聽眾住在鄉下，她說：「孩子看到動物死亡，因此就會問出許多問題。」**

這封來信裡有一句挺精彩的話：「如何跟他們解釋，為什麼我們會死亡？」我們會死亡，正因為我們活著，一切活著的生物都會死亡。所有活著的生物，從出生那天起，便走上了一條通往死亡的路。況且，我們只能藉由死亡來定義生命，藉由生命來界定死亡。因此，生與死一樣，都是生物不可或缺的一部分。死亡是人類命運的一部分。孩子們其實很清楚這個道理。

儘管「他們看到動物死亡……」然而，動物的死亡與人的死亡完全不是同一回事！這件事情應該盡早告訴孩子，因為動物沒有語言，也沒有歷史。家畜的歷史與家庭生活融合在一起。然而，身為沒有歷史的動物，也沒有後代可以像人類那樣回憶起自己父母的一生。我們知道，一些老年人在去世前會追憶自己的童年，還會呼喚自己的母親。我們人類是有歷史的。我們的身體與我們從父母身上接收到的話語緊密地連結在一起。因此，回答孩子關於死亡的問題是非常重要的，不應該給這個話題蒙上一層沉默的面紗。

## 從幾歲開始，孩子會關心這個問題呢？

孩子對這個問題感興趣，正是他們開始意識到性別差異的時候，他們會通過間接的問題來提問，像是：「你會活到很老才死嗎？」或者這樣的對話：「妳已經很老了嗎？」「很老？沒有啊！沒有比那個誰誰誰來得老，不過，真的也算老吧。」「那麼，你快死了嗎？」「我不知道，我們不會知道自己什麼時候會死。」關於這個問題，比如孩子聽到談論交通事故，我們可以說：「唉，有些人出發度假的時候，並不知道自己一個小時之後會死掉。你看，沒有人知道自己什麼時候會死。」而要結束這樣一段對話，可以這樣說：「讓我們好好地珍惜生命裡的每個時刻吧。」

一些有宗教信仰的家庭裡，也會談到死亡這個問題。例如，有些信仰認為死後仍有靈魂存在，還有一些信仰認為靈魂會轉世。我們對此一無所知。這些都是人類想像出來的答案，因為人類不能「揣想」死亡本身。一個活人，是無法臆想自己死亡這件事情的。雖然他知道自己終將一死，然而，自身的死亡仍是件很難想像並且荒謬的事。至於出生……我們也無法目睹自己的出生，而是由其他的人來見證。我們的死亡也是如此，是其他的人列席觀禮。可以說，我們會親身經歷自己的死亡，可是我們無法親眼目睹自己的死亡，而是去完成死亡這件事情。

差不多到七歲左右，孩子在詢問關於死亡的話題時，都不會有絲毫焦慮。孩子大約在三歲左右，就會開始想這個問題。不過我要再次重申，他們是不帶焦慮的。因此，應該趁這時候跟孩子談談死亡的話題。而且，他們也可能會遇見死亡的情形，例如周圍有人去世，甚至周圍有小孩死亡。我認為我們都可以這樣回答孩子：「生命結束的時候，我們就會死亡。」這樣的回答雖然有點可笑，卻也千真萬確。然而，你們想像不到這番話會讓孩子多麼安心。可以對孩子說：「別擔心，只有在你生命結束的時候，你才會死的。」孩子會說：「可是我的生命還沒結束啊！」我們就可以說：「既然你知道自己的生命還沒有結束，你就應該知道自己現在還活得好好的！」曾經我的兒子聽人說起原子彈，放學回家後，便對我說：「真的有原子彈嗎？整個巴黎真的都會消失嗎？……」「是啊，是啊，這些都是真的。」「那麼，原子彈會在午飯前爆炸？還是會在吃過午飯以後爆炸呢？」（當時他三歲）「如果我們在打仗的話，是有可能的。不過現在沒有戰爭了。」「那麼，就算沒有在打仗，可是巴黎還是被原子彈炸了呢？」「那，我們都會從這裡消失了。」「啊！那我還是情願等我們吃完午飯，再來炸。」我回答他：「你說的有道理。」然後，對話就結束了。你們看，當孩子問起「子彈會在吃午飯前爆炸嗎？」的時候，他還是有過一下下的焦慮不安。因為當時他很餓，我們就快要吃飯了。孩子一直是活在當下的，他所說的話僅僅適用於當下那一刻。假如家族中有人過世，千萬不要對孩子隱瞞這個消息；因為他會覺察到周遭自己熟悉的面孔臉部表情有所改變。更嚴重的是，如果死者剛好是孩子喜歡的人，他會擔心這個人為什麼突然不見了，可是卻不敢問到底發生了什麼事。況且，不對孩子說明事實情況，就像是把孩子當作小貓小狗一樣，把他排除在擁有說話本能的人類群體之外。

**我們常常會在這個話題上欺騙孩子。比如我們會說，這個人去很遠的地方旅行了，或者是這個人生了一場沒完沒了的病，所以不再有他的消息了。這樣的情況既不合常理，也令人難以忍受。**

我了解這種情形……曾經有人帶孩子來找我做心理諮商，因為孩子從某一天開始，學習成績下降……我們就探尋到底發生了什麼事。結果是自從爺爺或是奶奶去世那天起，可是大家都沒有告訴這孩子。而當孩子要求見這個人的時候，大人卻說：「你知道的，她住院了，病得很厲害。」然後，就不再多做解釋了，而是逃避，或是轉換話題。然而，孩子只需要別人向他解釋，奶奶去世了，然後，帶他去墓地看一看安葬死者的地方，並且對孩子說，他那顆會愛的心，永遠不會消失。只要有人還記得自己曾經深愛過的人，這份由衷的愛就沒有死去。這是回答孩子的唯一方式。

每年十一月一日[10]趁著秋高氣爽，一家人去墓地走一走。散步的時候，大人可以回答孩子提出的所有問題，孩子也可以試著辨認墓碑上的名字與日期……這些對孩子來講看似很遙遠，卻能引發許多提問。可以給孩子準備一些小點心，然後說道：「啊，我們現在可是真真實實地活著！」於是，一切又變得快樂起來了。

**您剛才曾經說到，動物的死亡與人類的死亡是兩回事。**

我本來想說的是，屠宰場裡那些動物的死亡。

談到我自己，兩、三歲時曾經發生過的許多事情裡，如今唯一能夠回憶起來的只有一件童年的小悲劇。我曾經有過一隻小鴨子，那是有人中獎得到以後送給我的。那時候，我每天都在院子裡和小鴨子玩。然後，我決定把一個木箱當作小鴨子的家，這個木箱就斜放在牆上。有一天，小鴨子走過木箱旁邊的時候，可能離箱子太近了，結果箱子倒了下來，壓死了小鴨子。讓我非常傷心。這就是我現在能想起來，最早的童年記憶了。所以我認為對於孩子來說，動物的死亡可以是非常重要的。

這觸及到的是，所有我們心愛的生命死亡的問題。當這個原本活著的生命死去，會讓我們再也無法找回自己一部分的生命以及敏感。您曾經為了小鴨子的死深感痛苦，首先是因為您對當時自己的疏忽感到自責，死亡會使人感到內疚。說來奇怪，其實死亡並沒有什麼不好的，因為所有的人終究都會一死。可是當肩負著一定程度的責任時，我們會責怪自己傷害了如此溫柔善良又可愛的生命，也摧毀了這個與我們生生相惜連結的關係。我認為永遠不應該取笑一個因為小貓、小狗或者小鴨子哭泣的孩子，也不應該取笑一個保留著布娃娃殘肢或破舊泰迪熊的孩子。孩子沒有辦法區別，因為孩子認為自己所愛的一切都是活生生的；當然，這些是另一種不同的生命。因此，不要扔掉孩子曾經喜歡的物品的一部分。當一隻小鴨子、小貓或小狗死了，孩子喜歡埋葬牠們，也就是說，給這個生物一個哀悼的儀式。所有的人類都是通過哀悼儀式來接受死亡的。有什麼不行呢？我們應該尊重孩子以這種方式來超越神祕，因為對我們來說生命或死亡都是神祕的。

10 譯註：十一月一日是天主教國家的「諸聖節」。法國傳統本是次日十一月二日「悼亡節」，家人一起到墓地追思祖先。然而，因為十一月一日諸聖節是國定假日，所以大家幾乎都趁這一天去墓園獻花。

# 5 待在家裡——家庭幼兒班與出外拍廣告

**不要忘記很多聽眾給我們寄來的鼓勵，簡單地寫著：「我們家裡一切都很好。」**

剛好，這裡有一位女士的來信，她有兩個兒子，一個六歲，一個三歲。她感謝我們對一些很常見的狀況解答疑惑，讓聽眾脫離茫然失措的困境；同時也告訴我們，儘管孩子會給家裡帶來千百種問題，但是家庭生活也給他們帶來許多的歡樂。這些難題之所以能夠解決，是因為他們是一個團結一心的大家庭。同時她還寫道，她認為那些心理學家把家庭生活給複雜化了。

那我們就試著不要把事情複雜化，而是來理清事情。

這裡有一封類似辯護性質的來信，內容是關於學校和家庭。來信的母親是幼兒園老師，目前在家帶孩子。她有兩個十九個月大的雙胞胎。來信這麼寫著：「當孩子剛滿十五到十八個月大的時候，所有人都看著他們說：『應該讓他們去學校了，不應該讓他們留在家裡太久！』可是我呢，我還是想讓他們能夠在家裡再待上一段時間。而且，如果是我自己在家給他們上幼兒園的課程呢？這樣會不好嗎？我們差不多都可以活到七十歲，那麼為什麼不可以試著讓孩子在家裡留個五、六年呢？」她還問您：「怎樣在家裡規劃幼兒園的課程呢？」

這位女士說得很有道理。但前提是，父母親能夠照顧孩子到我們所謂的「上學」的年紀；而且，要讓孩子在就學前，能夠已經真正「社會化」——也就是說，除了家庭成員以外，已經接觸過其他的小朋友，能夠自己玩耍也能夠和別人一起玩，還可以接受與父母親分開；特別是知道如何熟練地使用雙手、肢體和語言，還曉得盡情地玩耍又可以靜得下心來。以上這些，便是學校的意義。這裡有一點要補充的：這位女士的孩子是**雙胞胎**，您剛才說**兩個**——大家總是說**兩個**雙胞胎，其實應該是要說**雙胞胎**。他們還很小。當然，很早也就需要社交生活了。如果父母親不能每天給孩子兩、三個鐘頭的社交生活：去公園玩，或者與其他的母親安排一些孩子之間的聚會，我認為是不太好的。而幼兒園恰好可以彌補孩子缺少社交生活的不足。如果剛好能夠湊足幾個孩子，那就乾脆把這三、四個孩子聚集在一起，組成一個所謂的「幼幼班」。

**這位母親的另一個問題是：「在這種情況下，如果『家庭幼兒班』適合我的孩子的話，應該要怎麼規劃呢？是不是應該像在幼兒園一樣安排時刻表，也就是說讓他們熟悉幼兒園的作息，還是應該順著孩子們的心情來決定呢？」**

三歲或四歲開始，是滿適合培養孩子專注完成某件事情的年紀。可以把早上分成幾個時段，每次二十分鐘，例如選一些物品讓孩子自己分類，並且告訴他們：「試著給這些東西塗上顏色、打洞或者拼貼……」我想，不只是讓孩子用遊戲的方式去做他們感興趣的事情，並且以能夠讓他們學習到遵循時間及場地規則的方式去做。不要隨便在任何地方進行，像是今天在廚房，明天在臥室；總之，要選一個固定的地方，讓孩子放自己的用品，也就是我們所說的「學校用品」，並且讓孩子養成習慣使用後放回收納箱裡。

**這封信最後寫道：「雖然我非常支持這個想法，但是，如果我感覺到自己的計畫對孩子的成長**

有任何阻礙的話，我也會毫不猶豫地放棄這樣的做法。」我們可以讓這位母親安心嗎？

絕對可以的。

那她是不是就不用放棄自己的計畫了？

據她所說，儘管這個計畫會帶來一些金錢上的開銷，但她還是不想放棄這個想法。

另外一封來信，相對簡短些，信裡寫道：「我們有一個三個月大的兒子，這個孩子非常活潑開朗，看上去好像超過實際的年齡。我和丈夫決定，在孩子兩歲之前我暫停工作，這樣不只可以照顧孩子，還可以繼續餵他母乳。可是，如果我不工作的話，會給我們帶來一些經濟上的問題。因此，為了解決這一小部分的財務問題，我們讓寶寶去拍商業照片。」她想請教您對這件事情的看法。尤其是這樣做的話，是否會對孩子帶來不好的影響？像是讓孩子這麼早就被「利用」去掙錢糊口。要是您贊同的話，那麼這種類型的工作，可以讓孩子做到幾歲，而又不至於讓家裡多個彆腳的三流演員呢？

首先有一個問題：如果是由這個孩子來「養家」，這麼小就要養活自己和家人的話，我認為是有一些弊端的，不過，也可以有補償的方式，例如，把酬勞的10％或15％，甚至是**對半平分**，存到孩子的儲蓄賬戶裡。這樣的話，等他長大以後，知道自己曾經幫助過家計，並且讓母親能夠留在家裡照顧自己，他會感到自豪的。否則，他會覺得自己曾經有點被「剝削」了。

至於這個工作可以做到幾歲？對於幼兒來說，最好不要超過三歲。模特兒的工作類似一種輕微的被動暴露，所以，我們還是應該要注意。可以偶爾拍張照片，但是孩子超過兩歲或兩歲半以後，就不要再繼續用這種方式賺錢了。

# 6 他會是藝術家

有了孩子以後，我們當然希望他能「飛黃騰達」，比方說成為藝術家。這裡有一位母親給我們來信，她有三個女兒（分別是九歲、七歲和六歲），大女兒和小女兒都表現出特殊的繪畫天賦。她說，大女兒還很小的時候（十八個月大時）就非常喜歡畫畫，除了玩娃娃之外，畫畫幾乎是她唯一喜歡做的事情。她總是畫同樣的題材：公主、仙女都穿著很長的裙子，上面繡著許多非常精細的幾何圖形。以她當時的年齡來說，她的表現有些令人讚嘆。不過在學校裡，她的成績普通，甚至有些學習上的問題。而最小的女兒，六歲，很安靜，與兩位姊姊相處得很好。據這位母親說，她的畫顏色非常鮮豔，常常跟現實生活沒有任何關聯，並且，對物件顏色的處理，似乎總是獨樹一格，「比如，一個巨大的太陽，射出十分明亮耀眼的紅色和橙色的光芒。」這位母親的問題是：「是否可以從這些畫裡分析出什麼呢？」換句話說，是否應當詮釋孩子們的畫呢？

千萬不要。不過，我認為能夠讓孩子們感興趣的是，讓他們講一講自己的畫。如果孩子不想給大人看自己的畫，也不要把事情看得太嚴重。可是，如果孩子把自己的畫拿給母親看，母親不要只會說「好漂亮喔！」，而是要讓孩子講一講畫裡表達的是什麼，說一說這幅畫裡面包含的故事。還可以問孩子：「還有呢？那裡呢？比方那裡呢？畫的是什麼呀？……啊，對啊，你看！你不說的話，我還沒看出來呢！」讓孩子感興趣的是圍繞著畫題和孩子交流，而不只是在讚賞他的畫。那些被我們讚賞畫作的孩子，就可能受到影響而重複畫同樣的畫——看起來，信裡的大女兒就是這種情況。這位大女兒可能想要在另外兩位妹妹出生的那段期間吸引母親的注意。或許這也是她在學校適應得不怎麼樣的原因。這對於大女兒來說實在不容易，因為她一直都需要藉由這樣的行為來吸引母親的注意力。我想目前這位母親最好能夠協助女兒，當然要在孩子也同意的情況下，可以設計一個剪貼畫的遊戲：把孩子畫的仙女和公主等人物剪下來，放到城堡、馬路等布景中。然後想像這些人物之間發生的故事。這個遊戲能夠帶動孩子，也能夠幫助孩子在學校表現得更積極一些。

至於對色彩很敏感的小女兒……現在，對色彩感覺靈敏的孩子越來越多了。我在想這是不是跟現在的彩色電視、以及多彩多樣的各類雜誌有關。我們小的時候，都沒有這些。

所有的孩子都會有一段繪畫的「藝術」時期，也都會有一段對音樂感興趣的「藝術」時期。在孩子對繪畫或音樂感興趣的這段時間，讓他們去發展自己的興趣是非常好的。正因為這樣，大人不要去解讀孩子的畫，而是要讓孩子來說說自己的畫。

**我想大家之所以提出這個問題，是因為知道您是一位精神分析師，而精神分析師之所以聞名，就是因為他們偶爾能夠找出一些令人意外的解讀。**

這並非是「解讀」。道理很簡單：孩子用畫畫來**表達自我**；而孩子畫的畫，等時機到了，還是要由孩子自己藉由語言來詮釋。

**總之，沒有必要去剖析那些畫。**

最好不要。也正因為這樣，我從來沒有寫過關於兒童繪畫以及兒童繪畫的解析。一個不能用語言來表達自己的孩子，是可以藉由繪畫來表達的。還有，要知道有些孩子之所以不再畫畫了，正是因為家長伺機從畫裡去窺視孩子想要表達的內容。當孩子僅僅用畫畫的方式對精神分析師表達自我的時候，正是因為這幅畫是**他的祕密**，而且他還想繼續保守這個祕密。另外，也還有別的方式，比如說可以做一些小布偶，可以運用說話和聲音來玩遊戲，也可以玩黏土。一個只畫畫的孩子看到的常常是二度空間的世界，來信中提到的大女兒似乎有點屬於這種情況。然而相反地，捏黏土——哪怕捏得很不好——捏出來的人物之間可以互動，是非常活潑生動的，而這些都是在學校裡不能做的事情。從孩子開始在學校學習認字、寫字，即使是繪畫也都會變成「學業」領域。可是，孩子在家裡做的活動則是**表達自我**。假如母親有空的話，可以多多激發與孩子之間的交流。這類的交流在學校裡是不可能實現的，因為學校的老師必須兼顧許多孩子。這位母親還可以協助女兒們（也包括她的二女兒，雖然在信裡沒有提到很多）畫下或用黏土捏出音樂。這樣，會讓母親發現孩子能夠運用顏色呼應不同的音樂氛圍。有天賦的孩子都非常喜歡這個遊戲，他們也喜歡把夢境畫下來，把故事畫出來，甚至把從母親那裡聽來的故事或者母親編的故事畫下來。同時也不要忘了，那些不怎麼畫畫的孩子，成年後也有可能成為插畫家或畫家；而那些在童年時表現出繪畫天賦的孩子，進入青春期後也有可能不再繼續發展。

**另一封來信是一位有四個孩子的母親：一個五歲半的女兒、一對快四歲的異卵雙胞胎女兒，還有一個一歲的小女兒。她的問題是關於這對異卵雙胞胎姊妹其中的一個孩子。這個孩子叫克蕾爾，她很黏人也很敏感，好像有一種我們常說的藝術家氣質。我再重複一下她的年齡——差不多**

四歲。這位母親在信裡說：「她非常陶醉於音樂，比如說，當一段她喜歡的音樂停下時，她會有點傷心，甚至還會哭起來。另外，她還常常心不在焉。我和丈夫都認為不要太把這些當一回事，以免刻意影響到孩子，反而會帶來一些問題。」不過，這位母親還是想請教您，可以讓這個女兒做些什麼活動來啟發她的天賦？還有就是：「我們是不是可以在一個年紀還這麼小的孩子身上，察覺出她有朝一日能夠成為藝術家？」

如果這個孩子音感很好，也喜歡音樂，可以從現在就開始上一些音樂課程；當然是要跟著一位知道因材施教的好老師，而不是只會逼著孩子做些令人厭倦的音階練習。也有一些製作得非常好的音樂CD——不是那種重複不斷的間奏，而是一些製作精良為孩子介紹著名作曲家的專輯。同樣地，帶孩子去聽一些現場演奏的音樂也是很有益的，而不是只讓孩子聽一些大眾流行音樂或是錄音。要是孩子感興趣的話，母親可以帶孩子去教堂聽風琴或者是管風琴的現場演奏。

音樂對許多敏感的孩子來說，是極有益的表達方式，除此之外還有舞蹈，因為只是被動地喜歡音樂是不夠的。音樂不僅能夠引起情感的共鳴，也能對肢體產生感染力。因此，讓這個小女孩知道用自己的肢體來表達情緒也是很重要的。孩子的音樂感，開始得非常非常早。如果這個孩子有音樂天賦的話，盡早讓孩子在音樂裡成長。我還想說的是，很可惜有些玩具小鋼琴不管怎麼彈，音都不準總是走調。音感很重要，千萬別殘害。寧願讓孩子沒有樂器，也不要有一個走音的玩具鋼琴——否則，實在是太虧待孩子的耳朵這麼靈敏的器官。如果能夠有個教學用的小風琴就更好了，或者用一種音很準的小機器，叫**調音器**。在德國，就是用這種調音器來給兩歲以上的孩子做音樂啓蒙教育。音樂有低音、中音、高音，孩子可以選擇自己喜歡的樂器。如果家裡有鋼琴，請千萬把音調好。不要讓孩子去敲打那些「破銅爛鐵」一樣的樂器，而要讓孩子學會用音符去命名每個聲音：音符就像人一樣，我們應該透過音符的名稱認出音高，並且透過音高認出音符名稱。

**這些有「藝術天分」的孩子是否因為比較敏感，所以比別的孩子更需要幫助呢？**

他們更需要的其實是尊重。所有的孩子都是需要被尊重的，而有「藝術天分」的孩子是有非常強的感應觸角，能感受到許多事情。如果他們對某件事情有奇特反應的話，不要對他們說：「你怎麼這麼笨啊！……」常常當父母不理解孩子的退縮反應或是快樂表現的時候，就會這麼說。我認為非常重要的是，讓「藝術型的」孩子有自我表達的管道，在表達自己時能夠得到尊重，並且在他們感興趣的藝術領域內，得到專業老師的指導和教育。另外，每次聽音樂的時間不要過長，也可以多去美術館走走，看看繪畫作品，放空一下，這些都是非常重要的。

# 7

# 孩子需要生命力——休閒活動

現在我們來講一講關於孩子的休閒活動的話題吧。來信是關於一個年紀很小的孩子的問題，這位母親寫道：「我有一個十五個月大的兒子。我在家帶孩子，但是對我來說，照顧孩子有點不容易，因為我有很多家事，還有很多大學功課要做。」最近幾個星期以來，她覺得十五個月大的兒子好像會覺得無聊：「他會把大拇指含在嘴裡，在家裡晃來晃去，而且總是跑過來要我把他抱在腿上。」她請問您，可以想到什麼遊戲給這個年齡的孩子玩嗎？不然的話，有什麼可以推薦的書籍嗎？

沒有。對十五個月大的孩子來說，書籍之類的東西還太早了。十五個月大的孩子，娛樂活動總是需要在另一個人的陪伴下進行。他也需要其他的孩子。我認為，如果這位母親非常忙的話，可以請一位保姆，比如說可以讓保姆每星期兩次帶她的兒子和其他的孩子一起玩。而這位母親也可以每天和孩子玩兩次，每次玩半個鐘頭。母親可以和兒子一起玩積木，玩追逐遊戲，爬階梯，或者是我曾經說過的玩水遊戲。母親可以引導兒子怎麼在洗手池周圍玩，哪裡可以放水，也可以放一些小船、海綿或者小玩具……這位媽媽說得沒錯，她的兒子覺得無聊。母親應該常常跟孩子說說話；否則，孩子會陷入與外界隔離的內心世界。我認為，這位母親的擔心以及尋求解決的辦法，都是有道理的。

另一位來信的母親有五個女兒、一個兒子，最小的女兒出生時她已經四十一歲。這個女兒現在四歲，已經上幼兒園了。和許多孩子一樣，她也出現過不想上學的情況。一開始的時候，她在幼兒園不怎麼玩；現在，好像也已經接受上學這件事情。可是自從開學後，這位母親發現女兒拒絕畫畫，而她以前是非常喜歡畫畫的。她想請問您，針對這樣的情形，應該採取什麼態度呢？是不是應該像幼兒園老師建議的那樣，靜待孩子開竅的那一天？

我一點也不覺得這個問題有什麼好煩惱的。這個小女孩是家裡最後出生的嗎？

**是的，她是最後出生的孩子，其他的孩子都大了，分別是二十五歲、二十三歲、十七歲、十五歲和十四歲。**

所以，她就像獨生女一樣，因為，即使跟她前面的那個孩子之間，也有十歲的差距。我想這正可以解釋這個小女孩的行為：她的地位非常特殊，被很多成年人包圍著。應該跟她解釋，對她來說，上學確實不容易；因為在這之前，陪在她身邊的一直都是大人。不過，她會發現其實跟小孩子一起，比跟大人有趣好玩多了。

**這個小女孩只願意為一位小表妹畫畫，小表妹是她的朋友。**

她這麼做，是把自己當成照顧她的大人一樣。我想，這個小女孩的父親應該要多照顧她一點，因為，是這個父親掌握著讓女兒從小寶寶過渡到大女孩的關鍵。我感覺在這個家庭裡，好像所有的人都有點父母的地位，所有的家庭成員既是父親又是母親。

至於畫畫，看起來像是這位母親比較失落。小女孩以前畫畫，而現在根本不畫了。這是因為，小女孩有其他的事情吸引她去做呀！一個完全不習慣和其他同齡孩子一起生活的小孩，差不多需要三個月的時間來觀察適應；之後才會把幼兒園當成自己家一樣。孩子會適應的，這位母親不用擔心。

**這裡有一封比較輕鬆的來信，問到家裡要不要養小狗的問題。來信的母親有兩個女兒，分別是十一歲和七歲。這兩個孩子沒有什麼大問題。白天，有一位阿姨來家裡照顧她們，這種狀況已經持續五年半了。而從幾個月前開始，大女兒就一直持續不斷地要求家裡給她買一隻小狗。信是這麼寫的：「我們家只有兩房一廳，養狗會給我們帶來麻煩。說實在的，我們也想到養狗會給我們帶來的束縛。可是，女兒的要求越來越急迫。您對這個問題有什麼看法嗎？我們是不是應該在聖誕節的時候，勉為其難地滿足女兒的願望呢？或者這只是孩子暫時的渴望？」**

不容易。因為照這位母親的描述來看，他們家實在沒有多餘的空間；狗在這樣狹小的環境下，也會很可憐的。孩子身邊確實是需要有其他的生命圍繞著，可是現代公寓大樓裡，是沒有太多生命力的。或許可以考慮給孩子養一隻不太占地方的寵物，不需要帶出去散步、帶下樓去尿尿，像是倉鼠之類的小動物。

**我剛才故意沒有給您唸來信後面的補充說明：「我們家廚房裡現在有一隻四個星期大的小雞，**

是一次園遊會彩券抽中的獎品。這隻小雞是小女兒的，可是她卻很少在照顧；相反地，是想要養狗的大女兒在照顧，還常常跟小雞玩。儘管大女兒非常喜歡這隻小雞，可是我們還是已經讓她明白，兩個月之後，得把這隻小雞送到鄉下去養。」就這樣，但是我還是覺得有個問題：我們可以一直拒絕孩子堅持提出來的要求嗎？

當然可以啊，只要是有道理的拒絕。上面的情況是為了讓小雞長成公雞或母雞以後生活得更好；而不讓大女兒養狗是考慮到，小狗在公寓裡是不是能夠生活的好——動物應該生活的和他的主人一樣幸福才是。如果主人擁有小狗很幸福，可是小狗卻生活的不好，這就是應該要避免的情形，父母應該跟孩子解釋拒絕的原因。

**那如果是拒絕其他的事情呢？比方說拒絕散步，拒絕買某本書，拒絕去看某場電影……**

欲望原本就是想像出來的東西；欲望要在「現實」的範圍裡，找到可行的界限。

我不明白為什麼父母要拒絕給孩子某些不會妨礙到父母，也不會對孩子有害的東西，還有不會對買來的動物有害的事情。不過現在，這個小女孩……是不是可能因為有一隻小倉鼠就會開心呢？其實，小倉鼠是很乖的，也沒有什麼怪味道，還很好玩，而且也需要被照顧。這就說到了重點：孩子要去照顧牠。大女兒已經有能力照顧小雞，而小女兒還沒有這樣的能力。是不是也可以試著讓她養金魚？小烏龜？或者其他的小動物呢……總之，在決定買另外一隻動物之前，應該先跟孩子好好溝通；寵物是會讓孩子學到責任感的。

**特別是應該要有想像力……**

確實是這樣的。孩子也喜歡栽種植物。事實上，**孩子就是需要有生命力的東西**。

我想我們討論的這個孩子會理解為什麼她不能養狗，也許她是希望能夠像班上某個家裡有院子的女同學那樣養狗。我們可以給孩子介紹一個她認識的家庭，曾經有過不幸的養狗經驗，**應該和她好好談一談**。不要讓孩子覺得父母是想要為難她，才拒絕給她養狗的。

**一位母親寫信給我們：「當我們有女兒時，是不是應該把她局限在小女孩的角色裡，只給她買一些女性化的東西呢？」**

自從我們開播這個節目以來，就一直在講尊重孩子的意願這個問題。一般來說，當家裡只有一個孩子的時候，他會認同自己見到的孩子，無論見到的是男孩還是女孩。比如說，一個小男孩單獨跟鄰居家的小女孩玩，他就會認同自己是這個小女孩，而這個小女孩則會把自己認同成這個小男孩。這樣一來，就會出現男孩玩「娃娃」的遊戲，女孩玩「汽車」的遊戲。不過如果孩子是在沒有玩伴的情況下長大的，那麼男孩就會模仿自己的父親，女孩就會模仿自己的母親。然而可以肯定的是，男孩子也需要玩娃娃、扮家家酒之類的遊戲……

## 您想說的是女孩吧？

不是，我說的是男孩！男孩和女孩都一樣。但是有種情況是，當男孩和女孩在一起時，他們本身會想分辨出彼此，以便區別對方。對於這種情況，我們也不能做什麼。因為孩子小的時候就是這樣的，他們喜歡區分彼此。通常來講，男孩更熱衷於動態肢體遊戲，而女孩則是喜歡靜態保守型的遊戲。[11]這是屬於各自性別中的自然天賦。從三、四歲開始，孩子特別喜歡跟他們喜歡的人一起玩，也喜歡像他們喜歡的人那樣玩。如果一個孩子占有主導地位，無論男孩還是女孩，選擇了什麼遊戲，另一個孩子就會玩，因為他喜歡對方跟自己一起玩。儘管如此，男孩跟女孩玩娃娃的方式，還是不一樣；而女孩玩小汽車的玩法，也會跟男孩不同。

11 譯註：這個節目播出的年代，當時女孩的遊戲，多與傳統家庭主婦的角色有關，像是在扮家家酒的遊戲中，建立一個想像中的家庭生活，認同家庭主婦的身分，在於照料家庭成員，運作家庭日常生活。

# 8 欺負別人或是受人欺負？——放學以後

還有一系列的問題。這裡有一位母親，她有一個五歲半的女兒、一個四歲半的兒子，還有一個兩歲的小女兒。而且，她又快要生另一個寶寶了。她的問題是關於五歲半的大女兒。大女兒已經上學了，在同齡的孩子裡，她的個子算是高的，有一點胖，長得很像自己的母親。有一天，女兒從學校回來以後，顯得特別傷心。父母詢問她原因，她說，班上其他的孩子叫她「臭大胖馬鈴薯」，看起來這件事讓她極度傷心。下面就是詳細的問題內容：「怎樣才能幫助一個孩子在家庭環境以外的地方，有自衛的能力，或是自主的能力呢？」

我看是母親聽了孩子敘述這件事情之後而鬱悶吧。可以跟女孩說：「妳會怎樣回答呢？我想，跟妳說這句話的小女孩，是在嫉妒妳。我不知道她在嫉妒妳什麼，不過她應該是嫉妒妳的。」因為，孩子會聯手去欺負一個他們嫉妒的對象，這是很常見的。好！現在，有些孩子會因為學校裡有一個「暴虐」的小孩而受苦。在這種情況下，父母親既不需找老師理論，也不要去找欺負他們孩子的那個同學的家長。父母親要幫助自己的孩子，到學校找那個欺負自己孩子的同學聊一聊，像是可以說：「你到底對我女兒說了什麼？你做的事情實在是太壞了！」等等。父母親可以跟這個孩子講道理，也可以責備這個孩子讓自己的孩子情緒低落。由孩子的父親來警告這個孩子就夠了，之後，應該勸導他說：「你這麼可愛，為什麼對我女兒這麼壞呢？她對你做了什麼嗎？什麼都沒做？那你為什麼欺負她呢？你讓她很難過！好了，你們和好吧！」

你們知道嗎？一個孩子辱罵另一個孩子，常常是因為他很痛苦，他怨恨這個在他看來比較快樂又比較受寵愛的孩子。他羨慕這個孩子，想跟這個孩子做朋友。

有許多孩子不知道如何回應一些平常的蠢話，並且還會反應過度。若是這樣的話，我們可以先在家裡想一想怎麼反擊。比如說，我們可以有許多事物來回應反擊「臭大胖馬鈴薯」的嘲弄。可以和家人一起，找到很多非常好玩的事物讓孩子學會怎麼說。讓孩子唇槍舌戰一番，同時也體會一下開玩笑的幽默。

還有一種情況是，有些孩子總是被別的孩子欺負。這種情況又不同了。假如情況看起來比較嚴重的話，父親就得去看一下了。常常都是一個年紀小的去頂撞一個年紀比較大的，年長的孩子害怕自己的力氣太大，而不想去打年紀小的那個孩子。例如因為，在家裡，年長的孩子是不能打比自己年紀小的孩子。還有一些孩子——也不知道為什麼——就是任人欺負，甚至還會激起別人去打他；這種情況並非只發生在學校裡。我們無法了解太多細節，但是對於這些喜歡受虐、什麼都怕的的孩子來說，有一個辦法對他們的幫助很大，那就是對他說：「我想你沒有注意到其他孩子是用什麼方式打你的。你馬上逃避，馬上把自己藏起來，就永遠學不會怎麼保護自己。相反地，如果你很留意，就會記得哪幾拳打得你很疼，哪幾拳打得讓你疼得**更厲害**。」儘管「疼得**更厲害**」這樣的說法並不好，但是，如果孩子容許讓人打幾下，並且注意自己被打的方式，一般來說，幾天以後他就能戰勝自己的困境，會知道怎麼回應，也不會再被其他的孩子騷擾了。

另外，獨生子女也常常是會被欺負的。因為在家裡，他們反覆被灌輸不能是個好鬥的人，打架很不好。結果，孩子回到家裡告狀，「其他的孩子打我，他們很壞，所有的人都打我……」的時候，父母打氣道：「反擊啊！你要反擊啊！」但是，孩子從來沒有學過怎麼自衛，因為之前他從來沒有機會學著耍狠。再說一次，當一個孩子被鼓勵去留意自己是怎樣被欺負的，一段時間之後，就會非常清楚怎麼反擊，並且也知道怎麼讓別人尊重自己。這是一種學習。

**在學校裡，還會發生許多其他的事情。孩子們之間經常有這樣的對話：「我爸爸比你爸爸厲害。我爸爸比你爸爸聰明。我爸爸比你爸爸有錢。」等等。那麼，當孩子回到家裡敘述這些事情的時候，父母應該怎麼做呢？是該讓孩子自己去解決這樣的問題，還是要幫著孩子回應這些問題呢？**

首先要知道孩子是對誰敘說這件事情的。假設孩子是對自己的父親說：「你知道嗎？別人說你……」如果父親對自己有自信，也清楚自己的價值，他可以回答：「你的同學怎麼那麼笨呀！如果他說自己的父親很好，是因為他很有錢的話，表示你同學不確定自己的父親是不是像我愛你這麼愛他的。我呢，我是愛你的。並不是開好的車子、穿貴的衣服就能證明是好人。」總之，就是類似這樣的回答……每個孩子都愛自己的父親，當他們用這樣的方式對父親敘述別人是怎麼講到父親的時候，是為了確定自己的父親很強大，是不可以被侮辱的。父親的形象能夠變得更強大，是當他可以說出：「我呢，我覺得自己是個很好的人，我不需要別人的認可。你可以回答你的同學說：『我父親是一個很好的人，我也是。我是他兒子，我也是一個非常好的人。』這樣就行了。

孩子都免不了會吹噓自己的父親。我記得曾經有一段對話讓我很驚訝——對話的是兩個三歲和四歲的孩子，他們並不知道我正在聽他們說話。其中一個孩子搶先說：「我爸爸，他有一輛摩托車，跑得很快！」另一個孩子就接腔：「我爸爸也有一輛摩托車，跑得很快、很快、很快！」接下來，我就聽著他們一直重複「很快、很快、很快……」連續說了五分鐘。然後，一個孩子說：「反正我爸爸，就是，有一輛從來都不會停下來的摩托車！」最後，另一個孩子朝他吐口水，結束了這段對話，兩人就各自離開了。這需要小題大作嗎？不過是孩子們之間發生的小插曲罷了。

**最後，讓我們來唸一封信當作結語：「孩子確實會完全攪亂生活，改變一個人的生命，讓他全心全意付出。為人父母，不是天生賦予的，而是需要學習的。」**

我們甚至可以反過來說：「孩子是成人之父」[12]。

12 譯註：出自英國詩人威廉・華茲華斯（William Wordsworth, 1770-1850）〈彩虹〉（the rainbow）一詩中著名的句子，本句原文的含義是指：人在孩童時期的行為習慣，決定了成年後的樣子。也曾被佛洛伊德引用在其心理學著作中。而多爾多則引用這句名言來詮釋：成人因為孩子的出生，而成為父母。

心靈工坊 PsyGarden

LoveParenting 003

# 孩子說「不」，才會去做：法國父母最信任的育兒專家協助你聽懂孩子的語言

Lorsque l'enfant paraît, Tome 1

著—馮絲瓦茲 ・ 多爾多（Françoise Dolto） 譯—單俐君

合作出版—雅緻文化有限公司（愛兒學母公司）

出版者—心靈工坊文化事業股份有限公司

發行人—王浩威　總編輯—徐嘉俊

責任編輯—裘佳慧　內文版型設計—陳俐君

內文排版—旭豐數位排版有限公司

通訊地址—106 台北市信義路四段 53 巷 8 號 2 樓

郵政劃撥—19546215　戶名—心靈工坊文化事業股份有限公司

電話—02) 2702-9186　傳真—02) 2702-9286

Email—service@psygarden.com.tw　網址—www.psygarden.com.tw

製版・印刷—彩峰造藝印像股份有限公司

總經銷—大和書報圖書股份有限公司

電話—02) 8990-2588　傳真—02) 2290-1658

通訊地址—242 新北市新莊區五工五路 2 號（五股工業區）

初版一刷—2022 年 6 月　ISBN—978-986-357-240-4　定價—440 元



國家圖書館出版品預行編目資料

孩子說「不」，才會去做：法國父母最信任的育兒專家協助你聽懂孩子的語言 / 馮絲瓦茲 ・ 多爾多（Françoise Dolto）著、單俐君譯． -- 初版． -- 臺北市：心靈工坊文化事業股份有限公司、雅緻文化有限公司，2022.06

面；　公分． --（LoveParenting；03）

譯自：Lorsque l'enfant paraît, Tome 1

ISBN 978-986-357-240-4（平裝）

1. CST：兒童心理學　2. CST：兒童發展　3. CST：親職教育

173.1　111007261